MÉTHODE HENRY

ou

NOUVELLE TENUE DES LIVRES

EN PARTIE DOUBLE

SIMPLIFIÉE ET EXPLIQUÉE

Par Ed. HENRY

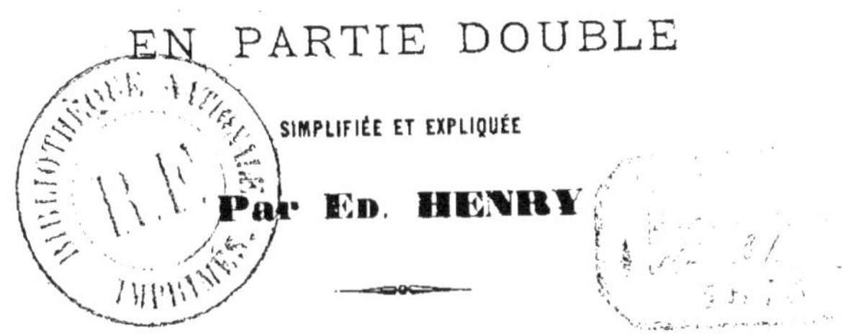

AVANTAGES DE CETTE MÉTHODE:

1° Tenir le Livre-Journal conformément à l'article 8 du Code de commerce ;
2° Supprimer les comptes généraux employés dans les anciennes tenues des livres au Livre-Journal et leurs balances au Grand-Livre ;
3° Economiser le temps et le travail (huit heures sur douze) ;
4° Reconnaître toute erreur quelconque portée soit au Livre-Journal, soit au Grand-Livre ;
5° Enfin, donner au commerçant, au moyen des comptes portés au Livre-Journal, la situation exacte de sa maison de commerce, le jour qui lui convient.

ROUEN

CHEZ L'AUTEUR, RUE SAINT-AMAND, N° 5,

ET DANS LES VILLES, CHEZ LES LIBRAIRES AUTORISÉS.

1874

Le contrefacteur ou le débitant de la contrefaçon de cet ouvrage sera
poursuivi rigoureusement conformément à la loi.

(TOUS DROITS DE TRADUCTION RÉSERVÉS).

ROUEN, IMPRIMERIE GIROUX, RUE DE L'HÔPITAL, 25.

INTRODUCTION.

Depuis des siècles les diverses tenues des livres qui sont connues et sont en usage dans le commerce, faute de mieux, dites en *partie double*, ne sont qu'en partie simple dont les comptes sont portés au *livre-journal* de manières différentes, mais nullement portés en partie double. Les opérations commerciales sont portées au débit ou au crédit des particuliers ou des comptes généraux, *marchandises générales, caisse, effets à recevoir, effets à payer, profits et pertes, divers, etc., etc.*, au moyen de formules telles que celles-ci : marchandises générales à caisse, divers à divers, caisse à tel, tel à effets à recevoir, etc., etc., et ensuite reportés au grand-livre pour y établir les balances.

Il arrive souvent que le commerçant dont le commerce ne lui permet pas d'occuper un teneur de livres et qui désire tenir ses livres suivant ces anciennes méthodes, après les avoir étudiées quelque temps, se perd dans ce nouveau labyrinthe et renonce à ces systèmes pour continuer à tenir ses livres comme il peut.

Dans la Méthode Henry, ou Nouvelle Tenue des livres en partie double, les *balances* du *grand-livre*, les *comptes généraux* et les *formules* ci-dessus sont entièrement supprimés.

Au *livre-journal* on débite seulement et simplement le débiteur en créditant en même temps la maison de commerce, et l'on crédite seulement et simplement le créancier en débitant en même temps la maison de commerce, ce qui constitue parfaitement bien une tenue des livres en *partie double* des comptes des opérations d'une maison de commerce.

Les comptes sont portés au *livre-journal* presque toujours sur une seule ligne et les opérations qui paraissent les plus difficiles, comme celles de compte à 1/2, à 1/3 ou à 1/4, sont passées aussi facilement que si l'on posait les chiffres d'une addition.

Le *livre-journal* est composé de telle façon, que la somme de la colonne du doit ou débit se balance avec les sommes des trois colonnes de la sortie générale (magasin, caisse et portefeuille), et que la somme de la colonne de l'avoir ou crédit se balance avec les sommes des trois colonnes de l'entrée générale (magasin, caisse et portefeuille).

Avec ce nouveau système, tout commerçant pourra donc, à l'avenir, tenir son *livre-journal* en partie double et conformément à l'article 8 du Code de commerce, et vérifier les écritures des livres de sa maison de commerce et en établir lui-même la situation exacte, au moyen des balances des comptes inscrits au livre-journal, le jour qui lui conviendra.

La Méthode Henry, s'adaptant à tout commerce de gros ou de détail, est donc appelée à rendre de grands services au commerce.

Nous engageons donc vivement messieurs les commerçants à prendre connaissance de cette nouvelle tenue des livres en partie double, étant persuadé d'avance que, dans leur intérêt, ils s'empresseront bien vite de l'adopter pour la tenue de leur *livre-journal*.

DE LA TENUE DES LIVRES

EN PARTIE DOUBLE.

Les opérations commerciales résultant du concours de deux intérêts opposés, celui de la personne qui vend, paie ou remet, et celui de la personne qui achète, est payée ou reçoit, il est évident qu'entre deux personnes, dont l'une a vendu et l'autre a acheté, si la première débite toujours l'autre du montant de la vente et crédite toujours sa maison du montant de cette vente, elle établit une balance exacte et continuelle, et que, au contraire, elle ayant acheté et l'autre vendu, si elle crédite toujours l'autre du montant de l'achat et débite toujours sa maison du montant de cet achat, elle établit une balance non moins exacte et continuelle. C'est cette manière d'écrire les opérations d'une maison de commerce avec une ou plusieurs autres qu'on nomme tenue des livres en partie double.

On emploie dans la tenue des livres: 1° des livres appelés *auxiliaires*; 2° un *livre-journal*, et 3° un *grand-livre*.

Les livres *auxiliaires* se composent, en général, d'un livre de *caisse*, où l'on porte les recettes et les paiements au fur et à mesure qu'on les fait; un livre de *vente* qui contient le détail des marchandises que l'on vend; enfin un livre appelé *brouillard*, *mémorial* ou *main-courante*, où l'on inscrit tout ce qui n'entre pas dans les autres livres. Les articles contenus dans ces livres sont portés au *livre-journal* jour par jour et à la place qui leur convient. Le *livre* ou *carnet d'échéances* est encore un livre auxiliaire où l'on inscrit les effets à recevoir et les effets à payer. Le nombre de ces livres varie suivant l'extension et les besoins du commerce que l'on fait. En inscrivant au brouillard toutes les opérations quelconques de son commerce, jour par jour, et à mesure qu'on les fait, le brouillard remplace presque tous les autres livres auxiliaires, et l'on n'a qu'à transcrire les écritures du *brouillard* au *livre-journal*. Ces livres ne sont pas prescrits par la loi.

Aux termes de la loi, tout commerçant est tenu d'avoir un *livre-journal*, présentant, jour par jour, ses dettes actives et passives.

Le commerçant est aussi tenu de conserver les lettres qu'il reçoit et de copier sur un registre spécial celles qu'il envoie.

Il est encore tenu d'établir, lors de son entrée dans le commerce, l'*inventaire général* de tout ce qui compose son *actif* et son *passif*, et de faire, tous les ans, sous seing privé, un *inventaire* de ses effets mobiliers et immobiliers et de ses dettes actives et passives, et de le copier, année par année, sur un registre spécial à ce destiné. (Livre I, titre 2, art. 8 et suivants du Code de commerce.)

Le *livre-journal*, prescrit par la loi, reçoit l'inscription de toutes les opérations quelconques de la maison de commerce ; lesquelles doivent y être inscrites jour par jour, à la suite l'une de l'autre, sans blanc, ni rature, ni surcharge.

Enfin le *grand-livre* est destiné à recevoir les comptes-courants des personnes qui doivent à la *maison* et auxquelles la *maison* doit.

DES OPÉRATIONS COMMERCIALES.

Tout commerçant possède une maison de commerce, laquelle, généralement, se divise en trois parties: le *magasin*, la *caisse* et le *portefeuille*.

Le commerçant achète et vend des marchandises qui entrent dans le *magasin* ou en sortent; il reçoit et remet des espèces qui entrent dans la *caisse* ou en sortent, et il reçoit ou remet des effets de commerce qui entrent en *portefeuille* ou en sortent.

DE LA DISPOSITION DU LIVRE-JOURNAL

DE CETTE MÉTHODE.

Le livre-journal se compose de deux pages en regard; celle de gauche est destinée à recevoir les écritures commerciales et les comptes débiteurs et créditeurs, lesquels sont inscrits dans deux colonnes: *doit* ou *débit, avoir* ou *crédit*. La page de droite en regard est divisée en deux parties; celle de gauche contient le *débit* de la maison de commerce divisé en trois colonnes d'entrée générale pour l'inscription des opérations concernant soit le *magasin*, soit la *caisse*, soit le *portefeuille*; la partie à droite contient le *crédit* de la maison de commerce, aussi divisé en trois colonnes de sortie générale, pour l'inscription des opérations concernant également soit le *magasin*, soit la *caisse*, soit le *portefeuille*.

De cette disposition, il résulte que les comptes créditeurs égalent le débit de la maison et que les comptes débiteurs égalent le crédit de la maison.

Le comptable ou le commerçant devra donc s'assurer, à la fin de chaque page du *livre-journal*, si les sommes des colonnes de l'entrée générale égalent les sommes de la colonne de *l'avoir* et si les sommes des colonnes de la sortie générale égalent la somme de la colonne du *doit*. Si les balances ne sont pas égales, c'est qu'il aura commis une erreur, qu'il devra réparer à l'instant même. On devra, à la fin de chaque mois, établir les comptes, pour en reporter les balances au mois suivant, afin d'éviter l'encombrement de chiffres inutiles aux balances.

Il faut bien examiner les cas où la maison de commerce doit être créditée à *l'avoir* et débitée à l'entrée générale ou débitée au *doit* et créditée à la sortie générale, afin de ne pas faire d'erreur. Ces cas sont expliqués et démontrés au brouillard.

Cette nouvelle Méthode supprime totalement les comptes généraux et les formules employées dans diverses tenues des livres, telles que celles-ci: Marchandises générales à Divers, Caisse à Marchandises générales, Effets à payer à Caisse, Tel à Effets à payer, etc., etc., et surtout le compte de Profits et Pertes. Cette nouvelle tenue des livres en partie double est tellement *simple* et facile que tout commerçant pourra tenir son livre-journal en partie double et connaître la situation de sa maison de commerce en peu de temps et le jour de l'année qui lui conviendra.

DU CARNET D'ÉCHÉANCES

Le carnet d'échéances sert à inscrire les effets de commerce que l'on reçoit, lesquels sont aussitôt numérotés, et à contrôler leur sortie. Il sert aussi à inscrire les billets que l'on souscrit et à prendre note de l'échéance des billets et traites que l'on a à payer. Le carnet d'échéances se trouve tout imprimé chez les papetiers. On peut se dispenser de l'acheter en inscrivant les effets de commerce sur un petit registre, en ayant soin d'écrire les noms des souscripteurs ou tireurs et endosseurs, la somme, la date de la remise, de l'échéance, etc., et en inscrivant sur une feuille à part la somme, la date de l'échéance, etc., du billet ou traite à payer.

Le répertoire du grand-livre est destiné à inscrire les noms des créanciers et débiteurs, suivant le rang des lettres de l'alphabet et les folios où se trouvent inscrits leurs comptes.

DES TERMES USITÉS DANS LA TENUE DES LIVRES

ET DE LEUR SIGNIFICATION.

Débiter quelqu'un, c'est écrire qu'il doit.

Créditer quelqu'un, c'est écrire qu'il lui est dû.

Débiteur, celui qui doit; *créditeur* ou *créancier*, celui à qui l'on doit.

Débit signifie doit, crédit signifie avoir.

Passer écriture, faire écriture, passer un article, c'est l'inscription sur les livres d'une opération commerciale.

Le *solde débiteur* est la somme qui manque au *crédit* pour qu'il soit égal au *débit*, et alors il est dû, par celui au nom duquel le compte est ouvert, le *solde créditeur* est la somme qui manque au *débit* pour qu'il soit égal au *crédit*, et alors on le doit à celui au nom duquel le compte est ouvert.

Solder un compte, c'est donc en rendre le *crédit* égal au *débit* et le *débit* égal au *crédit*.

Le *souscripteur* d'un billet est celui qui a confectionné le billet et en est le signataire.

Le *tireur* d'une lettre de change, mandat ou traite, est celui qui a confectionné et signé la lettre de change ou traite, et le *tiré* est celui sur lequel la traite ou lettre de change a été tirée.

L'*endosseur* est celui qui signe au dos d'un billet ou d'une lettre de change.

Le *correspondant* est celui avec qui l'on traite une affaire.

BROUILLARD, MÉMORIAL

OU MAIN-COURANTE.

<table>
<tr><th rowspan="2"></th><th rowspan="2"></th><th colspan="2">DOIT
(Débit)</th><th colspan="2">AVOIR
(Crédit)</th></tr>
<tr></tr>
<tr><td rowspan="8" style="vertical-align:middle">(Journal) (1)</td><td colspan="5">Avant de commencer les écritures au Livre-Journal, il faut inscrire à l'avoir le total de ce que possède la maison en marchandises, espèces et effets de commerce, et le porter en détail aux colonnes de l'entrée, à la partie double ; de sorte qu'elle est créditée à la colonne de l'avoir et débitée aux colonnes de l'entrée générale.</td></tr>
<tr><td colspan="5" align="center">2 JANVIER 1874.</td></tr>
<tr><td>20   Espèces en caisse.......................</td><td>»</td><td>»</td><td>25.000</td><td>»</td></tr>
<tr><td>20   Payé, pour meubles et matériel industriel.....</td><td>5.000</td><td>»</td><td>»</td><td>»</td></tr>
<tr><td colspan="5">Pour cet article, la maison doit être débitée à la colonne du doit et créditée à la sortie générale (caisse).</td></tr>
<tr><td colspan="5" align="center">2.</td></tr>
<tr><td>20   M. Aimé, du Havre, sa livraison de marchandises diverses.........................</td><td>»</td><td>»</td><td>2.100</td><td>»</td></tr>
<tr><td colspan="5">Il faut créditer le vendeur à l'avoir et débiter la maison à l'entrée générale, colonne du magasin.</td></tr>
<tr><td rowspan="3" style="vertical-align:middle"></td><td colspan="5" align="center">2.</td></tr>
<tr><td>20   M. Paul, de Dieppe, sa livraison de marchandises diverses.........................</td><td>»</td><td>»</td><td>5.200</td><td>»</td></tr>
<tr><td>20   M. Louis, de Paris, sa facture de marchandises, montant à fr................................</td><td>»</td><td>»</td><td>10.500</td><td>»</td></tr>
<tr><td rowspan="2" style="vertical-align:middle"></td><td colspan="5" align="center">3.</td></tr>
<tr><td>20   M. Pierre, de Bordeaux, sa livraison de 20 barriques vin, à fr. 100 l'une..............</td><td>»</td><td>»</td><td>2.000</td><td>»</td></tr>
<tr><td rowspan="3" style="vertical-align:middle"></td><td colspan="5" align="center">5.</td></tr>
<tr><td>20   Ma vente au comptant de ce jour...........</td><td>2.200</td><td>»</td><td>2 200</td><td>»</td></tr>
<tr><td colspan="5">Il faut débiter la maison au doit et la créditer à la sortie générale, colonne du magasin ; créditer la maison à l'avoir et la débiter à l'entrée générale, colonne de la caisse. En effet, ici, il n'y a pas de correspondant, c'est la maison qui vend et qui reçoit.</td></tr>
<tr><td>20   M. Aimé, du Havre, ma remise espèces.......</td><td>2.100</td><td>»</td><td>»</td><td>»</td></tr>
<tr><td rowspan="5" style="vertical-align:middle"></td><td colspan="5" align="center">6.</td></tr>
<tr><td>20   M. Léon, de Fécamp, ma livraison de marchandises..............................</td><td>2.310</td><td>»</td><td>»</td><td>»</td></tr>
<tr><td>Sa remise espèces.........................</td><td>»</td><td>»</td><td>2.286</td><td>90</td></tr>
<tr><td>Ma remise, pour escompte à 1 p. 0/0.........</td><td>»</td><td>»</td><td>23</td><td>10</td></tr>
<tr><td colspan="5">La remise ou l'escompte que la maison accorde dans cet article portant évidemment sur les mar-</td></tr>
</table>

(1) Aussitôt qu'un article est passé au Livre-Journal, il faut en inscrire le folio en marge du Brouillard à l'article correspondant.

		DOIT (Débit)		AVOIR (Crédit)	
	chandises vendues, il faut donc créditer Léon de cette remise et débiter la maison à l'entrée générale, colonne du magasin, de sorte qu'il résulte que les comptes sont portés comme si la maison avait vendu les marchandises 2,286 fr. 90.				
20	M. Charles, de Dieppe, ma facture de marchandises....................................	5.720	»	»	»
	Sa remise espèces, pour mon compte, à M. Paul, de Dieppe............................	2.000	»	2.000	»
	Sa remise de son billet à mon ordre, à fin courant..........	»	»	3.720	»
	Il faut débiter Charles de la vente et créditer la maison; le créditer de sa remise espèces à Paul et débiter la maison; débiter Paul des espèces reçues de Charles et créditer la maison, et, enfin, créditer Charles de la remise de son billet et débiter la maison. La remise des espèces pour mon compte, par Charles à Paul, est ce qu'on appelle un compte de virement. On doit passer ainsi ce compte, quoique les espèces n'aient pas entré dans la caisse et n'en aient pas sorti, elles sont supposées avoir subi ces deux opérations.				
20	Ma vente au comptant de ce jour.............	2.200	»	2.156	»
	Remise de 2 p. 0/0 pour escompte....	»	»	44	»
	Même raisonnement, pour la remise, que ci-dessus.				

8.

		DOIT (Débit)		AVOIR (Crédit)	
20	M. Louis, de Paris, ma remise de l'effet Paul, à fin courant................................	3.720	»	»	»
	Dans les maisons de gros, les billets portent les numéros du carnet des effets à recevoir; alors on écrit: Remis l'effet n° , Dieppe, fin courant.				
	Remise de mon billet à son ordre au 15 février prochain....................................	3.000	»	3.000	»
	On doit, ici, débiter Louis de la remise de l'effet et créditer la maison à la sortie générale, colonne du portefeuille; créditer la maison du billet souscrit et la débiter à l'entrée générale, colonne du portefeuille; enfin, débiter Louis du billet remis et créditer la maison à la sortie générale, colonne du portefeuille.				
	Le commerçant qui souscrit un billet à l'ordre de quelqu'un et le remet en paiement augmente son actif du montant de ce billet; il doit donc créditer sa maison du billet, et la débiter à l'entrée générale, au portefeuille. En payant le billet à son échéance, il débite la maison du montant du billet et la crédite à la sortie générale, à la caisse. L'équilibre de la maison se trouve rétabli.				
	Acceptation de sa traite pour solde au 20 février de fr. 3780....................................	mém.		mém.	
	L'acceptation d'une traite n'augmentant ni diminuant l'actif, et n'étant qu'une reconnaissance				

	DOIT (Débit)		AVOIR (Crédit)	

d'un crédit obligeant la maison à la payer à échéance fixe ne doit figurer au *livre-journal* qne pour mémoire. On prend note au carnet d'échéances de la somme et de l'échéance de cette traite de même que pour les billets souscrits, afin de se mettre en mesure de payer à l'échéance. D'où il résulte, qu'ainsi que pour les billets souscrits, il est inutile d'avoir au *livre-journal* une colonne spéciale pour l'acceptation d'une traite ou les souscriptions d'un billet, et une autre colonne pour leurs paiements. Le paiement de la traite se constate en débitant le tireur du montant de la traite et créditant la maison à la sortie générale à la caisse. Une traite payée et un billet payé ne sont plus alors que de simples reçus.

9.

20 — M. Henry, de Lyon, sa livraison de soieries avec 5 p. 0/0 d'escompte......................... » | » | 2.000 | »

Escompte 5 p. 0/0......................... 100 | » | » | »

Pour cet article, on doit pour l'escompte débiter Henry de l'escompte et créditer la maison à la sortie générale, colonne du magasin.

En effet, la remise résulte de marchandises achetées, de sorte qu'en passant les écritures ainsi, c'est absolument comme si les marchandises n'avaient coûté que 1.900 fr., puisque en réalité on n'a que 1,900 fr. à payer, ou si l'on aime mieux, comme s'il n'entrait en magasin que pour 1,900 fr. de marchandises.

10.

20 — M. Etienne, d'Elbeuf, mon achat de drap pour fr. 500 qu'il a expédié pour mon compte à M. Laurent, de Caen, laquelle expédition j'ai facturée à fr. 550............................. 550 | » | 500 | »

Il faut créditer Etienne et débiter la maison à l'entrée générale au magasin; débiter Laurent et créditer la maison à la sortie générale au magasin. Cette opération est encore un compte de virement.

22 — M. Gilles, de Bordeaux, mon achat de vins de compte à 1/3 (en participation à 3)............. » | » | 6.050 | »

Ma remise espèces et celles fournies par Bazile.. 3.000 | » | 2.000 | »

Ma remise de 2 traites à vue provenant de Lucien.............................. 3.000 | » | 3.000 | »

Pour remise ou escompte................. 50 | » | » | »

Cette opération qui paraît difficile au premier abord se passe au livre-journal avec autant de facilité que s'il s'agissait d'un simple achat, on peut en juger. Il faut créditer Gilles du montant de l'achat et débiter la maison à l'entrée générale (magasin), créditer Bazile de sa remise espèces et débiter la maison à l'entrée générale (caisse); débiter Gilles de la remise espèces (1,000 fr.) et celles de Bazile (2,000 fr.), ensemble 3,000 fr., et

	DOIT (Débit)	AVOIR (Crédit)

créditer la maison à la sortie générale (caisse) ; créditer Lucien de sa remise des 2 traites et débiter la maison à l'entrée générale (portefeuille) ; débiter Gilles de la remise des traites et créditer la maison à la sortie (portefeuille). Pour l'escompte, on agit comme à l'article du 9 janvier.

11.

22 — M. Jean, de Bolbec, ma vente des vins du compte à 1/3 .... — DOIT 6.350 » ; AVOIR » »

Sa remise de 6 traites à vue de fr. 1,000 chaque — AVOIR 6.000 »

Sa remise espèces pour solde .... — AVOIR 300 »

Pour escompte .... — AVOIR 50 »

22 — Avoir 1/3 des bénéfices pour le compte de Bazile. — AVOIR 100 »

22 — D° 1/3 d° le d° de Lucien — AVOIR 100 »

22 — Ma remise à Bazile de 2 traites à vue et espèces 100 fr. .... — DOIT 2.100 » ; AVOIR » »

22 — Ma remise à Lucien de 3 traites à vue et espèces 100 fr. .... — DOIT 3.100 « ; AVOIR » »

Il résulte de cette opération que le bénéfice général est de fr. 300 à partager à trois :

Pour la maison ....fr. 100
Pour Bazile........ 100
Et pour Lucien................. .. 100

On doit donc créditer Bazile et Lucien de leurs parts dans les bénéfices et en débiter la maison à l'entrée générale (magasin), de sorte qu'il ressort de l'opération que les marchandises ont coûté 6,050 fr. et n'ont été vendues que 6,150 fr. Le bénéfice de 100 fr. pour la maison se retrouvera évidemment dans l'inventaire des marchandises.

22 — Encaissement de la 6ᵉ traite Jean .... — DOIT 1.000 « ; AVOIR 1.000 »

Il faut ici débiter la maison du montant de la traite et la créditer à la sortie générale (portefeuille) ; la créditer du montant des espèces reçues et la débiter à l'entrée générale (caisse).

22 — M. Jacques, de Rouen, ma livraison de marchandises qu'il m'a réglée par un billet à mon ordre au 10 avril .... — DOIT 2.200 » ; AVOIR 2.200 »

Pour cette opération, on doit débiter Jacques de la vente et créditer la maison ; créditer Jacques de sa remise et débiter la maison.

12.

22 — M. Anse, banquier, ma remise de l'effet Jacques au 10 avril .... — DOIT 2.200 » ; AVOIR » »

Ou de l'effet n° Rouen 10 avril.

Sa remise espèces............... — AVOIR 2.167 »

Escompte retenu à 6 p. 0/0............. .. — AVOIR 33 »

Au sujet de l'escompte, il faut créditer Anse de sa retenue et débiter la maison à l'entrée générale (magasin). En effet, la retenue que subit la maison concerne les marchandises vendues à Jacques, qui a remis le billet et en diminue d'autant la valeur ; c'est absolument comme si on avait vendu à Jacques fr. 2,167 de marchandises

		DOIT (Débit)		AVOIR (Crédit)	
	et qu'il ait payé fr. 2,167. De sorte que, sur la vente faite à Jacques, si on a fait un bénéfice de fr. 200, il se trouve réduit à fr. 167.				
22	Mon acceptation de la traite Paul, de Dieppe, au 15 courant, de fr. 3,200.................	mém.		mém.	

14.

		DOIT (Débit)		AVOIR (Crédit)	
22	Mes cinq ventes de ce jour à divers.........	1.100	»	»	»
	Reçu de Soyer le montant de son achat.......	»	»	300	»
	Reçu de Hazard, pour d° son billet Paul au 20 courant..........	»	»	300	»
	Reçu d'Edmond, pour d° espèces, 50 fr., et son billet au 15 février, 100 fr.........	»	»	150	»
	Reçu de Jules, pour d° espèces, 150 fr., et son billet au 15 avril, de fr. 100......	»	»	250	»
	Ma traite acceptée sur Charlot, au 25 mars pour règlement.........	»	»	100	»

15.

		DOIT (Débit)		AVOIR (Crédit)	
22	Mon paiement de la traite Paul..............	3.200	»	»	»
24	M. Pierre, de Bordeaux, ma remise espèces...	1.470	»	»	»
	A lui remis les effets de Hazard, Edmond et Jules........................	500	»	»	»
	Escompte sur le comptant 2 p. 0/0, sur fr. 1,500.	30	»	»	»

Pour l'escompte, il faut encore débiter Pierre et créditer la maison à la sortie générale (magasin). Il résulte alors que les marchandises achetées à Pierre n'ont coûté que fr. 1,970 au lieu de fr. 2,000.

16.

		DOIT (Débit)		AVOIR (Crédit)	
24	M. Marc, du Havre. Mon achat de compte à demi avec M. Paul, de Rouen, de 100 stères de bois à fr. 25 l'un..................	»	»	2.500	»
	Ma remise espèces fr. 1,250 et celles de Paul, fr. 250	1.500	»	250	»
	Ma remise de la traite fournie par Paul........	1.000	»	1.000	»

Ladite marchandise a été expédiée à M. Julien, courtier de commerce à Paris, par le bateau de Duchemin, pour être rendue, en trois jours, stérée sur le quai et être livrée en même quantité, sous peine d'un quart d'indemnité, qui lui sera retenue par le courtier, lequel paiera les frais de voiture, d'après le connaissement ; ladite marchandise, pour être vendue dans la huitaine, au prix courant du jour, pour ce compte être réglé avec M. Julien, suivant son compte de retour, et ensuite compter avec M. Paul..........

		DOIT (Débit)		AVOIR (Crédit)	
		2.500	»	»	»

17.

		DOIT (Débit)		AVOIR (Crédit)	
24	Ma traite sur M. Laurent, de Caen, à fin février.	»	»	550	»

18.

		DOIT (Débit)		AVOIR (Crédit)	
24	M. Louiset, du Havre, payé, sur sa demande, à M. Jules, de Rouen, avec ma traite sur Lau-				

		DOIT (Débit)		AVOIR Crédit)	
	rent (avec l'effet n° Caen, fin février)........	550	»	»	»
	Ma remise espèces au même pour le même....	450	»	»	»
	Sa livraison de marchandises diverses,.........	»		4.500	
	Mon retour de marchandises non conformes....·	500	»		»

On doit donc ici créditer Louiset de sa livraison entière et débiter la maison (au magasin); débiter Louiset des marchandises retournées et créditer la maison à la sortie générale (magasin).

24.

24 — M. Julien, de Paris, reçu son compte de retour et sa lettre d'avis, par laquelle il me dit que les cent stères bois du compte à demi, dont il est débité de fr. 2,500, ont été vendus fr. 28 l'un, soit, au total, fr.. .... 2.800

    Sur quoi il a retenu : frais de
voiture et de stérage, fr......... 75)
Payé droits d'octroi, fr........ 29 } 174
Sa commission, à 2 1/2 p. 0/0 fr. 70)

       Reste net........ 2.626

		DOIT		AVOIR	
	Bénéfice général sur le compte à demi au débit de Julien...	126	»	»	»
	Sa remise en deux traites à vue pour règlement....	»	»	2.626	»
	Avoir 1/2 des bénéfices pour le compte de Paul.	»	»	63	»
	Ma remise espèces à Paul pour règlement.....	1.313	»	»	»
	Encaissement des deux traites Julien.........	2.626	»	2.626	»

Julien, ayant été débité des marchandises à lui expédiées pour les vendre, doit être encore débité du bénéfice sur les marchandises; s'il y avait eu perte, il aurait fallu le créditer du montant de la perte. La maison est créditée à la sortie générale (magasin) du montant du bénéfice général; Paul est crédité de la moitié des bénéfices et la maison débitée à l'entrée générale (magasin). Le bénéfice de la maison, qui est de fr. 63, se retrouvera à l'inventaire des marchandises.

25.

24 — Remboursement du billet Paul ordre Hazard, revenu impayé avec protêt.................. 307 (DOIT) » | » (AVOIR) »

Pour cet article, il faut débiter Hazard et créditer la maison à la sortie générale (caisse). Un effet, revenu impayé ne peut rentrer en portefeuille, parce qu'il n'est plus transmissible.

Nota. — Un effet de commerce protesté doit être dénoncé dans la quinzaine de la date du protêt, si l'on veut conserver son recours contre le dernier endosseur, ou bien il faut le faire garantir jusqu'à paiement entier.

28.

24 — Payé droits d'octroi et de régie............ 200 (DOIT) » | 200 (AVOIR) »

Pour cet article, beaucoup de comptables passent les écritures par le compte de profits et pertes (qui ne doit pas exister). C'est un grand tort. Les droits de régie et d'octroi ne sont pas une perte pour le commerçant, ils ne sont qu'une augmentation du prix d'achat des marchandises. Par conséquent, ce sont les marchandises qui doivent être chargées du montant des frais de régie et d'octroi.

Donc il faut débiter la maison du montant des droits et la créditer à la sortie (caisse); la créditer du montant des droits et la débiter à l'entrée (magasin).

31.

24 — Payé dépenses de ménage du mois, fr... 200 / » frais de voitures et transports, fr.. 100 / » aux employés, fr................. 200 / » ports de lettres et commissions, fr.. 15

Ici, on doit débiter la maison et la créditer à la sortie générale, colonne de la caisse.

Cet article est connu généralement sous le nom de frais généraux, et les comptables ont l'habitude de le passer au Livre-Journal, au compte de profits et pertes. C'est une erreur; les dépenses de la maison et les frais généraux ne peuvent être que ce qu'ils sont: des dépenses de maison et des frais généraux. En effet, pour les passer au *Livre Journal*, on doit débiter la maison de leur montant et la créditer à la sortie générale (caisse) de leur montant; de sorte que dans la balance des comptes débiteurs et créditeurs de la maison, lors de l'inventaire, la somme des dépenses diverses et des frais généraux ressort en moins.

	DOIT (Débit)		AVOIR (Crédit)	
(article 24)	515	»	»	»
Totaux généraux du mois de janvier......	69.787	»	101145	»
Balance à l'avoir.....	»	»	31.358	»

MOIS DE FÉVRIER 1874.

	DOIT (Débit)		AVOIR (Crédit)	
Balance du mois de janvier...........	»	»	31.358	»

1er.

26 — M. Smith, de Liverpool, mon achat de cotons de compte à 1/4 (en participation à quatre) avec MM. Paul, Charles et Louis, de Rouen........

26 — Lesdits expédiés à M. Philippe, courtier de commerce au Havre, pour être vendus dans la huitaine, au prix courant du jour.............

A M. Smith, ma remise espèces fournies par Paul..

A M. Smith, ma remise d'une traite fournie par Charles....................................

A M. Smith, ma remise espèces, fr. 1,000 et traite provenant de Louis...................

Pour les remises que m'ont fait Paul, Charles et Louis, participants, il faut les créditer à l'avoir

	DOIT (Débit)		AVOIR (Crédit)	
M. Smith (achat de cotons)	»	»	10.000	»
Lesdits expédiés à M. Philippe	10.000	»	»	»
A M. Smith, remise par Paul	2.500	»	2.500	»
A M. Smith, remise par Charles	2.500	»	2.500	»
A M. Smith, remise de Louis	2.500	»	2.500	»

		DOIT (Débit)		AVOIR (Crédit)	
	et débiter la maison à l'entrée (caisse et porte-feuille).				
	2.				
26	M. Alexandre, de Lille, ma livraison de denrées coloniales............................	3.000	»	»	»
	3.				
26	Avoir de Hazard, principal et frais de protêt de son billet Paul protesté..................	»	»	307	»
	5.				
26	Acceptation de la traite Smith au 10 courant de fr. 2,500...........................	mém.		mém.	
	6.				
26	Ma remise espèces à M. Henry, de Lyon, pour règlément............................	1.900	»	»	»
26	Ma remise espèces à M. Etienne, d'Elbeuf, pour règlement............................	500	»	»	»
	7.				
26	M. Pascal, de Nantes, ma livraison de rouenneries...............................	4.800	»	»	»
	Avoir sa traite sur Paul, de Paris, au 25 avril..	»	»	2.800	»
	9.				
26	M. Jean, de Rouen, ma vente de marchandises avariées.............................	2.000	»	»	»
	Pour ma perte sur marchandises, pour avaries..	200	»	200	»
	On doit, ici, créditer et débiter la maison du montant de l'avarie. la débiter et la créditer à l'entrée et à la sortie (magasin). La perte pour avarie ou pour coulage diminuant le bénéfice général de sa valeur, il est indifférent de la porter au Livre-Journal ou de ne pas la porter. Il est certain que lors de l'inventaire, on trouvera fr. 200 de marchandises en moins au magasin ; il en est de même de la dépréciation des marchandises.				
	Avoir de M. Jean, espèces, pour le montant de ma vente........................	»	»	2.000	»
	10.				
26	M. Philippe, du Havre. Par sa lettre d'avis et son compte de retour, il nous marque que la vente des cotons, tous frais payés, n'a produit que fr. 9,000, qu'il nous fait remettre en espèces.	»	»	9.000	»
	Perte générale pour le compte à 1/4...........	»	»	1.000	»
	M. Paul, à son débit, pour son quart dans la perte	250	»	»	»
	M. Charles, à son débit, pour son quart dans la perte............................	250	»	»	»
	M. Louis, à son débit, pour son quart dans la perte	250	»	»	»

		DOIT (Débit)		AVOIR (Crédit)	
26	M. Paul, ma remise espèces....................	2.250	»	»	»
26	M. Charles, ma remise espèces fr. 2,150 et ma traite sur Charlot........................	2.250	«	»	»
26	M. Louis, ma remise espèces, fr. 250 et mon billet à son ordre, payable fin mars............	2.250	»	2.000	»

On peut voir avec quelle facilité et quelle promptitude le compte en participation à quatre est passé au *Livre-Journal*. Au *Grand-Livre*, les comptes sont balancés exactement comme au *Livre-Journal*, et d'une manière tellement claire et précise, que l'on aperçoit de suite la perte de 250 fr. subie par chaque participant.

10.

26	Payé traite Smith, pour solde de compte.....	2.500	»	»	»

12.

26	M. Hébert, de Marseillle, sa livraison de marchandises diverses suivant facture.........	»	»	10.000	»

15.

28	Paiement de mon billet ordre Louis..........	3.000	»	»	»

18.

28	M. Robert, de Nancy, ma livraison de rouenneries...................................	6.000	»	»	»

20.

28	Paiement de la traite Louis, pour solde......	3.780	»	»	»

23.

28	M. Louiset, du Havre, mon billet à son ordre au 15 avril...................................	3.000	»	3.000	»

26.

28	M. Louiset, du Havre, sa livraison de marchandises	»	»	4.000	»
28	Ma remise espèces......................	3.960	»	»	»
	Pour escompte à 1 p. 0/0...	40	»	»	»

28.

28	Avoir de Mᵉ Hallay, notaire, pour donation de feue dame veuve Auray, ma tante..........	»	»	5.000	»

Comme on le voit, cet article doit se passer de cette manière: créditer la maison de la donation et la débiter à la caisse du montant de cette donation. Il est évident que, dans la balance des comptes, on trouvera fr. 5,000 en plus, puisque l'actif se trouve augmenté d'autant.

28.

28	Payé, pour dépenses de maison et frais généraux du mois.................................	715	»	»	»
	Totaux du mois.................	60.395	»	88.165	»

Les comptes balancés au *Livre-Journal*, page gauche, auxquels on ajoute les comptes débiteurs et les meubles et immeubles, et desquels on déduit les comptes créditeurs et les billets à payer, donnent la situation exacte de la maison. L'inventaire des marchandises fait connaître les bénéfices ou les pertes que l'on a fait sur la vente des marchandises.

En ajoutant les comptes débiteurs et les meubles et immeubles à la balance à l'*avoir*, page droite du *Livre-Journal*, et en déduisant les comptes créditeurs et les billets à payer, on trouve de même la situation exacte de la maison. De sorte que les comptes de la page gauche du Journal contrôlent ceux de la page droite, et *vice-versa*.

La *situation*, plus le bénéfice général, égalent l'*actif net*.

DE L'INSCRIPTION DES OPÉRATIONS AU LIVRE-JOURNAL.

RÈGLES GÉNÉRALES.

Lorsque la maison achète, il faut créditer le vendeur à l'avoir et la débiter à l'entrée générale (magasin); lorsqu'elle vend, il faut débiter l'acheteur au doit et la créditer à la sortie générale (magasin).

Lorsque la maison reçoit des espèces ou des effets de commerce, on doit créditer celui qui remet à l'avoir et la débiter à l'entrée générale (caisse ou portefeuille); lorsqu'elle remet des espèces ou des effets, on doit débiter celui qui reçoit au doit et la créditer à la sortie générale (caisse ou portefeuille).

Lorsque la maison crée une traite sur un débiteur, il faut créditer le débiteur à l'avoir et la débiter à l'entrée (portefeuille); lorsqu'elle remet cette traite en paiement, on doit débiter celui qui la reçoit au doit et la créditer à la sortie (portefeuille); mais si la maison touche elle-même la traite, il faut alors la débiter au doit et la créditer à la sortie (portefeuille), la créditer à l'avoir et la débiter à l'entrée (caisse).

Lorsqu'une traite est présentée à l'acceptation, il faut inscrire l'acceptation au Livre-Journal pour mémoire (de même pour l'avis d'une traite), et lorsque la maison paie une traite, acceptée ou non, on doit débiter le tireur au doit et créditer la maison à la sortie générale (caisse). La traite payée n'est plus qu'un reçu.

Lorsque la maison crée un billet, on doit créditer la maison à l'avoir et la débiter à l'entrée (portefeuille); lorsqu'elle remet ce billet, il faut débiter celui qui le reçoit et la créditer à la sortie (portefeuille), et lorsqu'on paie le billet à l'échéance, on la débite au doit et on la crédite à la sortie générale (caisse). Le billet payé n'est plus qu'un simple reçu.

Lorsqu'un vendeur accorde une remise ou un escompte à la maison, soit sur le montant de la vente, soit sur le montant des espèces payées comptant, il faut débiter le vendeur au doit et créditer la maison à la sortie générale (magasin), du montant de cet escompte; lorsque la maison accorde une remise ou un escompte à un acheteur, soit sur le montant de la facture, soit sur les espèces payées comptant, il faut créditer l'acheteur à l'avoir et débiter la maison à l'entrée générale (magasin). (Voir au Brouillard les explications données au sujet de ces sortes d'opérations.)

Lorsque la maison paie pour dépenses particulières de maison, frais généraux, etc., il faut la débiter au doit et la créditer à la sortie (caisse); lorsqu'elle fait des recettes particulières, telles que donations, loyers, héritage, etc., il faut la créditer à l'avoir et la débiter à l'entrée générale (caisse).

OBSERVATIONS. — Lorsque la maison achète ou vend à terme, on doit porter l'opération au Livre-Journal pour mémoire, sans porter les sommes aux colonnes; la vente ou l'achat se porte en entier lors de la livraison.

L'escompte que retient le banquier et les intérêts dûs par la maison, résultant d'un compte-courant, se passent comme à l'article du 12 janvier. (Voir le *Brouillard* et le *Livre-Journal.*)

La perte résultant d'un débiteur reconnu insolvable se passe ainsi: on crédite et on débite la maison au doit et à l'avoir; on la débite et on la crédite à l'entrée et à la sortie (magasin) de la perte, ce qui diminue l'actif d'autant.

Le commerçant devra porter au Grand-Livre, en deux colonnes, les recettes particulières qui augmentent son actif et les dépenses particulières, frais généraux, etc., qui le diminuent, de sorte qu'il n'aura qu'à consulter ces deux colonnes pour faire la preuve de la situation du jour ou de l'inventaire. On remarquera que ces recettes ou ces dépenses augmentent ou diminuent la situation de leur montant.

DU BÉNÉFICE GÉNÉRAL ET DU BÉNÉFICE NET.

Si, d'un côté, cette Méthode simplifie considérablement les écritures, d'un autre côté, elle donne au négociant la satisfaction, très-grande à notre avis, de connaître à la fin de l'année le bénéfice général qu'il a réalisé sur ses ventes.

Le *bénéfice général* se compose des *marchandises inventoriées*, moins *la balance du magasin à l'entrée* ou *des marchandises en magasin*, plus *la balance du magasin à la sortie.*

Le *bénéfice net* se compose du *nouvel actif* moins *le dernier actif et les recettes particulières.*

LIVRE-JOURNAL.

folios (1) = G. L.		JANVIER 1874.	DOIT (Débit)		AVOIR (Crédit)	
	2	Mon actif en espèces......................	»	»	25.000	»
		Payé, pour meubles et matériel............	5.000	»	»	»
		M. Aimé, du Havre,				
33	2	Sa livraison de marchandises diverses.......	»	»	2.100	»
		M. Paul, de Dieppe,				
33	2	Sa livraison de marchandises diverses.......	»	»	5.200	»
		M. Louis, de Paris,				
33	2	Sa facture de marchandises montant à fr....	»	»	10.500	»
		M. Pierre, de Bordeaux,				
83	3	Sa livr. de 20 barr. de vin à fr. 100 l'une...	»	»	2.000	»
	5	Ma vente au comptant de ce jour...........	2.200	»	2.200	»
83	5	Ma remise espèces à M. Aimé, du Havre....	2.100	»	»	»
		M. Léon, de Fécamp,				
33	6	Ma livraison de marchandises diverses......	2.310	»	»	»
		Sa remise espèces........................	»	»	2.286	90
		Son escompte à 1 p. 0/0 sur fr. 2,310.......	»	»	23	10
		M. Charles, de Dieppe,				
33	6	Ma facture de marchandises diverses........	5.720	»	»	»
33		Sa rem. esp. p. m. compte, à M. Paul, de Dieppe.	2.000	»	2.000	»
33		Reçu son billet à mon ordre à fin courant....	»	»	3.720	»
	6	Ma vente au comptant de ce jour...........	2.200	»	2·156	»
		Remise pour escompte 2 p. 0/0.............	»	»	44	»
		M. Louis, de Paris,				
33	8	Ma remise de l'effet Charles à fin courant...	3.720	»	»	»
		Remis m. bill. à s. ord. au 15 février proch..	3.000	»	3.000	»
		Acceptation de sa traite pour solde au 20 février de fr. 3,780...	mém.		mém.	
		M. Henry, de Lyon,				
33	9	Sa livraison de soieries....	»	»	2·000	»
		Escompte 5 p. 0/0.....	100	»	»	»
		M. Etienne, d'Elbeuf,				
33	10	Mon achat de drap........................	»	»	500	»
33	10	Qu'il a expédié à M. Laurent, de Caen, que j'ai facturé..............................	550	»	»	»

(1) Aussitôt qu'un compte est transcrit au Grand-Livre, on doit porter en marge du Livre-Journal, au compte correspondant le folio du Grand-Livre.

ENTRÉE GÉNÉRALE						SORTIE GÉNÉRALE					
MAGASIN Débit		CAISSE Débit		Portefeuille Débit		MAGASIN Crédit		CAISSE Crédit		Portefeuille Crédit	
»	»	25.000	»	»	»	»	»	»	»	»	»
»	»	»	»	»	»	»	»	5.000	»	»	»
2.100	»	»	»	»	»	«	»	»	»	»	»
5.200	»	»	»	»	»	»	»	»	»	»	»
10.500	»	»	»	»	»	»	»	»	»	»	»
2.000	»	»	»	»	»	»	»	»	»	»	»
»	»	2.200	»	»	»	2.200	»	»	«	»	»
»	»	»	»	»	«	»	»	2.100	»	»	«
»	»	»	»	»	»	2.310	»	»	»	»	»
»	»	2.286	90	»	»	»	»	»	»	»	»
23	10	»	»	»	»	»	»	»	»	»	»
»	»	»	»	»	»	5.720	»	»	»	»	»
»	»	2.000	»	»	»	»	»	2.000	»	»	»
»	»	»	»	3.720	»	»	»	»	»	»	»
»	»	2.156	»	»	»	2.200	»	»	»	»	»
44	»	»	»	»	»	»	»	»	»	»	»
»	»	»	»	»	»	»	»	»	»	3.720	»
»	»	»	»	3.000	»	»	»	»	»	3.000	»
»	»	»	»	»	»	»	»	»	»	»	»
2.000	»	»	»	»	»	»	»	»	»	»	»
»	»	»	»	»	»	100	»	»	»	»	»
500	»	»	»	»	»	»	»	»	»	»	»
»	»	»	»	»	»	550	»	»	»	»	»

JANVIER 1874

			DOIT (Débit)		AVOIR (Crédit)	
		M. Gilles, de Bordeaux,				
33	10	Mon achat de vins de compte à 1/3......... ...	»	»	6.050	»
33		Ma remise espèces......................	1.000	»	»	»
34		Ma remise espèces fournies par Bazile.......	2.000	»	2.000	»
34		Ma remise de deux traites à vue provenant de Lucien............................. ...	3.000	»	3.000	»
		Remise pour escompte......................	50	»	»	»
		M. Jean, de Bolbec,				
34	11	Ma vente des vins du compte à 1/3..........	6.350	»	»	»
		Sa remise de six traites à vue de fr. 1,000 chaque.................................	»	»	6.000	»
		Sa remise espèces....	»	»	300	»
		Remise pour escompte.....................	»	»	50	»
34		Avoir le tiers du bénéfice pour le compte de Bazile............................•.......	»	»	100	»
34		Avoir le tiers du bénéfice pour le compte de Lucien...........	»	»	100	»
34		Ma remise à Bazile de deux traites à vue et espèces	2.100	»	»	»
34		Ma remise à Lucien de trois traites a vue et espèces.................................	3.100	»	»	»
		Encaissement de la sixième traite Jean......	1.000	»	1.000	»
		M. Jacques, de Rouen,				
34	11	Ma livraison de marchandises à trois mois...	2.200	»	»	»
		Avoir son billet à mon ordre au 10 avril....	»	»	2.200	»
		M. Anse, banquier,				
34	12	Ma remise de l'effet Jacques au 10 avril... .	2.200	»	»	»
		Sa remise espèces........................	»	»	2.167	»
		Sa retenue pour escompte à 6 p. 0/0........	»	»	33	»
	12	Accèptation de la traite Paul, de Dieppe, au 15 courant, de fr. 3,200.................	mém.		mém.	
	14	Mes cinq ventes de ce jour à divers.........	1.100	»	»	»
		Reçu de Soyer, comptant...	»	»	300	»
34		Reçu de Hazard son billet Paul au 20 courant.................................	»	»	300	»
34		Reçu de Edmond espèces........	»	»	50	»
		Reçu de Edmond pour solde, son billet au 15 février	»	»	100	»
34		Reçu de Jules espèces et son billet au 15 avril.......	»	»	250	»
34		Ma traite acceptée sur Charlot au 25 mars...	»	»	100	»
	15	Paicment de la traite Paul...............	3.200	»	»	»

ENTRÉE GÉNÉRALE			SORTIE GÉNÉRALE		
MAGASIN Débit	CAISSE Débit	Portefeuille Débit	MAGASIN Crédit	CAISSE Crédit	Portefeuille Crédit
6.050	»	»	»	»	»
»	»	»	»	1.000	»
»	2.000	»	»	2.000	»
»	»	3.000	»	»	3.000
»	»	»	50	»	»
»	»	»	6.350	»	»
»	»	6.000	»	»	»
»	300	»	»	»	»
50	»	»	»	»	»
100	»	»	»	»	»
100	»	»	»	»	»
»	»	»	»	100	2.000
»	»	»	»	100	3.000
»	1.000	»	»	»	1.000
»	»	»	2.200	»	»
»	»	2.200	»	»	»
»	»	»	»	»	2.200
»	2.167	»	»	»	»
33	»	»	»	»	»
«	»	»	»	»	»
»	»	»	1.100	»	»
»	300	»	»	»	»
»	»	300	»	»	»
»	50	»	»	»	»
»	»	100	»	»	»
»	150	100	»	»	»
»	»	100	»	»	»
»	»	»	»	3.200	»

JANVIER 1874.

			DOIT (Débit)		AVOIR (Crédit)	
		M. Pierre, de Bordeaux,				
33	15	Ma remise espèces......................	1.470	»	»	»
		Ma remise des effets Hazard, Edmond et Jules...............................	500	»	»	»
		Remise pour escompte sur le comptant (sur fr. 1.500)..............................	30	»	»	»
		M. Marc, du Havre,				
34	16	Mon achat de cent stères de bois à 25 fr. l'un, en participation avec M. Paul, de Rouen..	»	»	2.500	»
34		Ma remise espèces et celles de Paul.........	1.500	»	250	»
		Ma remise de la traite fournie par Paul.....	1.000	»	1.000	»
34		Lesdits axpédiés à M. Julien, de Paris, par bateau..............................	2.500	»	»	»
33	17	Ma traite sur M. Laurent, de Caen, à fin février.................................	»	»	550	»
		M. Louiset, du Havre,				
34	18	Payé, sur sa demande, à M. Jules, avec ma traite sur Laurent.......................	550	»	»	»
		Payé au même, pour le même, espèces......	450	»	»	»
		Sa livraison de marchandises diverses.......	»	»	4.500	»
		Mon retour de marchandises non conformes..	500	»	»	»
34	24	Suivant compte de retour de Julien, de Paris, bénéfice sur le compte à 1/2 et sa remise de deux traites à vue....................	126	»	2.626	»
34		Avoir moitié des bénéfices pour compte de Paul............................	»	»	63	»
34		Ma remise espèces à Paul, pour règlement...	1.313	»	»	»
		Encaissement des deux traites Julien.......	2.626	»	2.626	»
34	25	Remboursement du billet Paul o. Hazard avec protêt.................................	307	»	»	»
	28	Payé pour droits d'octroi et de régie.......	200	»	200	»
34	31	Payé, dépenses de ménage du mois, fr.. 200 Payé pour frais de voiture et transport. 100 Payé aux employés.............. ..... 200 Ports de lettres et commissions....... 15	515	»	»	»
		Totaux du mois..................	69.787	»	101145	»
		Balance des comptes..............	»	»	31358	»

ENTRÉE GÉNÉRALE						SORTIE GÉNÉRALE					
MAGASIN Débit		CAISSE Débit		Portefeuille Débit		MAGASIN Crédit		CAISSE Crédit		Portefeuille Crédit	
»	»	»	»	»	»	»	»	1.470	»	»	»
»	»	»	»	»	»	»	»	»	»	500	»
»	»	»	»	»	»	30	»	»	»	»	»
2.500	»	»	»	»	»	»	»	»	»	»	»
«	»	250	»	»	»	»	»	1.500	»	»	»
»	»	»	»	1.000	»	»	»	»	»	1.000	»
»	»	»	»	»	»	2.500	»	»	»	»	»
»	»	»	»	550	»	»	»	»	»	»	»
»	»	»	»	»	»	»	»	»	»	550	»
»	»	»	»	»	»	»	»	450	»	»	»
4.500	»	»	»	»	»	»	»	»	»	»	»
»	»	»	»	»	»	500	»	»	»	»	»
»	»	»	»	2.626	»	126	»	»	»	»	»
63	»	»	»	»	»	»	»	»	»	»	»
»	»	»	»	»	»	»	»	1.313	»	»	»
»	»	2.626	»	»	»	»	»	»	»	2.626	«
»	»	»	»	»	»	»	»	307	»	»	»
200	»	»	»	»	»	»	—	200	»	»	»
»	»	»	»	»	»	»	»	515	»	»	»
35.963	10	42.485	90	22.696	»	25.936	»	21.255	»	22.596	»
10.027	10	21.230	90	100	»	»	»	»	»	»	»

			DOIT)Débit(		AVOIR (Crédit)	
		MOIS DE FÉVRIER 1874.				
		Balance des comptes du mois de janvier.....	»	»	31.358	»
		M. Smith, de Liverpool,				
34	1	Mon achat de cotons de compte à 1/4.......	»	»	10.000	»
34		Lesdits expédiés à M. Philippe, du Havre..	10.000	»	»	»
34		Ma remise espèces fournies par Paul........	2.500	»	2.500	»
34		Ma remise de la traite fournie par Charles...	2.500	»	2.500	»
34		Ma remise espèces et traite provenant de Louis.....................	2.500	»	2.500	»
		M. Alexandre, de Lille,				
34	2	Ma livraison de denrées coloniales.........	3.000	»	»	»
34	3	Avoir de Hasard, principal, et frais de son billet protesté	»	»	307	»
	5	Acceptation de la traite Smith au 10 courant, de fr. 2,500.....................	mém.	»	mém.	»
35	6	Ma remise espèces à Henry, de Lyon, pour règlement.....................	1.900	»	»	»
33		Ma remise espèces à Etienne, d'Elbeuf, pour règlement......	500	»	»	»
		M. Pascal, de Nantes.				
34	7	Ma livraison de rouenneries...............	4.800	»	»	»
		Avoir sa traite sur Paul, de Paris, au 15 avril....	»	»	2.800	»
34	9	Ma vente à M. Jean, de Rouen, de marchandises avariées....	2.000	»	»	»
34		Perte pour avarie.....................	200	»	200	»
34		M. Jean, sa remise espèces...........	»	»	2.000	»
		M. Philippe, du Havre.				
34	10	Suivant son compte de retour, perte générale sur le compte à 1/4...	»	»	1.000	»
34		Sa remise espèces pour règlement..........	»	»	9.000	»
34		Un quart de la perte pour le compte de Paul.	250	»	»	»
34		Un quart de la perte pour le compte de Charles.	250	»	»	»
34		Un quart de la perte pour le compte de Louis.	250	»	»	»
34		Ma remise espèces à Paul pour règlement...	2.250	»	»	»
34		Ma remise à Charles espèces et ma traite Charlot pour règlement......	2.250	»	»	»
34		Ma remise à Louis espèces et mon billet à son ordre à fin mars pour règlement......	2.250	«	2.000	»
34		Payé traite Smith pour solde de compte.....	2.500	»	»	»
		M. Hébert, de Marseille,				
34	12	Sa livraison de marchandises détaillées suivant facture.....................	»	»	10.000	»

ENTRÉE GÉNÉRALE | SORTIE GÉNÉRALE

MAGASIN Débit		CAISSE Débit		Portefeuille Débit		MAGASIN Crédit		CAISSE Crédit		Portefeuille Crédit	
10.027	10	21.230	90	100	»	»	»	»	»	»	»
10.000	»	»	»	»	»	»	»	»	»	»	»
»	»	»	»	»	»	10.000	»	»	»	»	»
»	»	2.500	»	»	»	»	»	2.500	»	»	»
»	»	»	»	2.500	»	»	»	»	«	2.500	»
»	»	1.000	»	1.500	»	»	»	1.000	»	1.500	»
»	»	»	»	»	»	3.000	»	»	»	»	»
»	»	307	»	»	»	»	»	»	»	»	»
»	»	»	»	»	»	»	»	»	»	»	»
»	»	»	»	»	»	»	»	1.900	»	»	»
»	»	»	»	»	»	»	»	500	»	»	»
»	»	»	»	»	»	4.800	»	»	»	»	»
»	»	»	»	2.800	»	»	»	»	»	»	»
»	»	»	»	»	»	2.000	»	»	»	»	»
200	»	»	»	»	»	200	»	»	»	»	»
»	»	2.000	»	»	»	»	»	»	«	»	»
1.000	»	»	»	»	»	»	»	»	»	»	»
»	»	9.000	»	»	»	»	»	»	»	»	»
»	»	»	»	»	»	250	»	»	»	»	»
»	»	»	»	»	»	250	»	»	»	»	»
»	»	»	»	»	»	250	»	»	»	»	»
»	»	»	»	»	»	»	»	2.250	»	»	»
»	»	»	»	«	»	»	»	2 150	»	100	»
»	»	»	»	2.000	»	»	»	250	»	2.000	»
»	»	»	»	»	»	»	»	2.500	»	»	»
10.000	»	«	»	»	»	»	»	»	»	»	»

		FÉVRIER 1874.	DOIT (Débit)		AVOIR (Crédit)	
	15	Paiement de mon billet ordre Louis.........	3.000	»	»	»
		M. Robert de Nancy,				
35	18	Ma livraison de rouenneries...	6.000	»	»	»
33	20	Paiement de la traite Louis................	3.780	»	»	»
		M. Louiset, du Havre,				
34	23	Remise de mon billet à son ordre au 15 avril...........................	3.000	»	3.000	»
34	26	Sa livraison de marchandises détaillées suivant facture...........................	»	»	4.000	»
34		Ma remise espèces......................	3.960	»	»	»
		Pour escompte à 1 p. 0/0..	40	»	»	»
33	28	Reçu de Mᶜ Halley, notaire, pour donation de feue dame veuve Auray, ma tante.. ...	»	»	5.000	»
33	28	Payé pour dépenses et frais généraux du mois.	715	»	»	»
		Totaux du mois...................	60.395	»	88.165	»
		Balance des comptes..............	»	»	27.770	»

SITUATION DU JOUR

ACTIF.

Balance du magasin.........	8.437	10
— de la caisse	16.532	90
— du portefeuille	2.800	»
Débiteurs : MM. Alexandre...	3.000	»
— Pascal.......	2.000	»
— Robert......	6.000	»
Meubles et matériel acheté...	5.000	»
Total de l'actif....	43.770	»

PASSIF.

Créditeur, M. Hébert, 10.000
    À payer :
Mon billet o. Louis fin
    mars .... 2.000 } 15.000 »
Mon billet o. Louiset
    15 avril......... 3.000

Situation exacte.....	28.770	»

Plus les bénéfices réalisés sur la vente des marchandises, ou moins la perte faite sur la vente des marchandises.

DOUBLE SITUATION

Balance à l'avoir...........	27.770	»
Débiteurs divers	11.000	»
Meubles et matériel........	5.000	»
	43.770	»
Créditeurs et billets à payer..	15.000	»
Même résultat......	28.770	»

PREUVE.

Au 1ᵉʳ janvier l'actif était de..	25.000	»
Reçu pour donation.........	5.000	»
	30.000	»
Payé en janvier....... 515 } Dᵒ en février........ 715 }	1.230	»
Situation exacte....	28.770	»

ENTRÉE GÉNÉRALE						SORTIE GÉNÉRALE					
MAGASIN Débit		CAISSE Débit		Portefeuille Débit		MAGASIN Crédit		CAISSE Crédit		Portefeuille Crédit	
»	»	»	»	»	»	»	»	3.000	»	»	»
»	»	»	»	»	»	6.000	»	»	»	»	»
»	»	»	»	»	»	»	»	3.780	»	»	»
»	»	»	»	3.000	»	»	»	»	»	3.000	»
4.000	»	»	»	»	»	»	»	»	»	»	»
»	»	»	»	»	»	»	»	3.960	»	»	»
»	»	»	»	»	»	40	»	»	»	»	»
»	»	5.000	»	»	»	»	»	»	»	»	»
»	»	»	»	»	»	»	»	715	»	»	»
35.227	10	41.037	90	11.900	»	26.790	»	24.505	»	9.100	»
8.437	10	16.532	90	2.800	»	»	»	»	»	»	»

Ainsi qu'on le voit clairement, le *Livre-Journal* donne, au moyen de la balance des comptes qui y sont inscrits, la situation exacte de la maison de commerce. Pour connaître les bénéfices que la maison a réalisés sur les ventes des marchandises, si on a vendu avec bénéfices, ou les pertes faites sur les marchandises, si on a vendu avec pertes, et par suite l'actif ou le capital net, il faut nécessairement faire l'inventaire des marchandises restant en magasin.

A l'inventaire des marchandises on en a trouvé pour fr.   11.037 10

Moins balance du magasin...... 8.437 10

D'où les bénéfices réalisés par la maison sont de... 2.600 »

Suivant inventaire général, l'actif ou le capital net est de... 31 370 »

Moins le capital primitif augmenté de la donation... 30.000 »

Bénéfice net........ 1.370 »

Si l'inventaire des marchandises n'en avait produit que

pour fr... .... 8.437 10

qui est la même somme qu'à la balance du magasin, la maison n'aurait alors ni gagné, ni perdu sur la vente des marchandises.

Si l'inventaire des marchandises n'avait produit que.. 7.437 10
la maison aurait donc perdu sur les ventes............. 1.000 »

Balance du magasin......... 8.437 10

Comme tout commerçant sait à peu de chose près ce qu'il gagne sur les ventes de ses marchandises, il lui est donc facile de connaître en peu de temps la situation approximative de sa maison de commerce sans dresser d'inventaire, lequel n'est obligatoire que tous les ans (art. 9 du Code de commerce), en ajoutant à la situation exacte du jour les bénéfices qu'il suppose avoir réalisés sur les ventes.

Inventaire, état ou bilan général de tout ce qui compose l'actif ou le passif du sieur A..., demeurant à Rouen, le 1ᵉʳ janvier 1875. (1)

ACTIF.			PASSIF.		
(2) Marchandises inventoriées.	11.037	10	Hébert, créditeur par compte..	10.000	»
Espèces en caisse...........	16.532	90	A payer :		
Effets en portefeuille........	2.800	»	Mon billet o. Louis à fin mars..	2.000	»
Alexandre, débiteur par compte	3.000	»	id. o. Louiset au 15 avril	3.000	»
Pascal, id. id.....	2.000	»	D'où l'actif net est de..	31.370	»
Robert, id. id.....	6.000	»			
Meubles et matériel........	5.000	»			
	46.370	»		46.370	»

Certifié sincère et véritable par moi, A...
Rouen, le 25 janvier 1875.

(*Signature.*)

Double-Inventaire.

ACTIF.			PASSIF.		
Balance à l'avoir...........	27.770	»	Créditeur.................	10.000	»
Marchand. invent. 11.037 10			Billets à payer............	5.000	»
Moins balance du	2.600	»	D'où l'actif net est de....	31.370	»
magasin 8.437 10					
Débiteurs divers...........	11.000	»			
Meubles et matériel..... ...	5.000	»			
	46.370	»		46.370	»

Dans le cours des opérations commerciales, il arrive souvent que la somme de la colonne de sortie (magasin) est supérieure à celle de la colonne d'entrée (magasin), et par suite celle du doit supérieure à

(1) On suppose ici être à la fin de l'année (voir les balances au Livre-Journal).
(2) Il faut détailler les marchandises, les effets de commerce et les billets à payer.

celle de l'avoir. Pour établir la situation exacte du jour, il faut, dans ce cas, ajouter la *balance du magasin* aux comptes créditeurs. Pour établir le double-inventaire, on porte la *balance au doit* au passif.

PROBLÈME. Un commerçant a commencé son commerce avec un capital de 10,000 fr. espèces; deux mois après, les comptes inscrits à son Livre-Journal sont les suivants: Entrée du magasin, 45,500 fr.; sortie du magasin, 49,541 fr. 75, il reste en caisse 1,841 fr. 75, en portefeuille 2,000 fr.; la somme de la colonne du doit est supérieure de 200 fr. à celle de l'avoir; il est dû par divers débiteurs 22.580 fr., il est dû à divers créanciers 13,000 fr., on a payé pour dépenses de maison et frais généraux 620 fr., et, enfin, il reste en magasin 2,300 fr. de marchandises. Établir la situation exacte du jour, la preuve de la situation, l'inventaire général, le double-inventaire et le bénéfice net.

Situation du jour.

Espèces en caisse	1.841	75
Effets en portefeuille	2.000	»
Débiteurs divers	22.580	»
	26.421	75
Balance du magas. 4.041 75		
Créditeurs divers. 13.000 »	17.044	75
Situation exacte	9.380	»

Preuve.

Le capital était de	10.000	»
On a payé pour dépenses div.	620	»
Même résultat que ci-contre..	9.380	»

Inventaire général.

ACTIF.

Marchandises inventoriées	2.300	»
Espèces en caisse	1.844	75
Effets en portefeuille	2.000	»
Débiteurs divers	22.580	»
	28.721	75

PASSIF.

Créditeurs divers	13.000	»
D'où l'actif ou capital net est de	15.721	75

Double-Inventaire.

ACTIF.

Marchandises inventoriées	2.300	»
Balance du magasin	4.041	75
Débiteurs divers	22.580	»
	28.921	75

PASSIF.

Créditeurs divers... 13.000		
Balance au doit..... 200	13.200	»
Même résultat que ci-contre..	15.721	75

On voit donc clairement que la situation exacte du jour est bien de 9,380 fr. et que l'actif net est bien de 9,380 fr., plus les bénéfices ressortant à la sortie (magasin), de 4,041 fr. 75, et plus encore les marchandises restant en magasin, ayant une valeur de 2,300 fr., lesquelles marchandises, additionnées, forment le bénéfice général.

Actif actuel	15.721	75	Bénéfice général	6.341	75
Capital primitif	10.000	»	Payé pour dépenses diverses..	620	»
Reste bénéfice net	5.721	75	Reste bénéfice net.	5.721	75

La double-situation | ou le double-inventaire donne la preuve de la régularité des écritures passées au Livre-Journal, et, en outre, prouve qu'on n'a pas fait d'erreur en transcrivant les comptes débiteurs et créditeurs au Grand-Livre, soit en portant un compte au débit au lieu du crédit ou au crédit au lieu du débit, soit qu'on ait omis un article ou porté une somme pour une autre, etc... Enfin, la double-situation contrôle la situation et le double-inventaire contrôle l'inventaire.

De la tenue des livres concernant diverses branches d'industrie.

Dans beaucoup de maisons de commerce, les marchandises entrent à l'état brut en magasin; pour les revendre, la maison doit payer des frais de préparation, ou si elles sont préparées, des frais de fabrication seulement.

D'où il résulte que la marchandise brute qui a coûté fr. 10.000 »
Pour la préparation de laquelle on a payé............. 500 »
Et pour la fabrication de laquelle on a encore payé.... 500 »
Revient prête à vendre à...........fr. 11.000 »

Il faut donc débiter la maison du montant des espèces payées pour cette préparation et fabrication au doit et la créditer à la sortie générale (caisse); créditer la maison du même montant à l'avoir et la débiter à l'entrée générale (magasin), ce qui évidemment augmente d'autant le coût de la marchandise brute. Mais la préparation et la fabrication des marchandises brutes ou apprêtées donnent souvent un déchet, il faut donc encore passer aux écritures le montant de ce déchet des marchandises, moins cependant la valeur réelle de ce même déchet, s'il en a une, qui reste en magasin pour être vendu à sa valeur réelle, laquelle alors sera portée à la sortie du magasin et à l'entrée de la caisse.

Lorsqu'une maison de commerce expédie des marchandises sans frais ou franco à domicile ou à la gare la plus proche du domicile du destinataire, on doit débiter la maison au doit et la créditer à la sortie générale (caisse), créditer la maison à l'avoir et la débiter à l'entrée générale (magasin), ou agir comme pour les frais généraux.

GRAND-LIVRE.

Journal (1)		CAPITAL.	DOIT,			AVOIR.	
1874							
20 Janv.	2	Mon actif à ce jour, en espèces	»	»	25.000	»
28 Fév.	2	Reçu pour donation	»	»	5.000	»
Décemb.	31	Pour bénéfice général sur les ventes	»	»	2.600	»
»	»	Pour dépenses diverses	1.230	»	»	»
			1.230	»	32.600	»
		Solde créditeur	31.370	»	»	»
			32.600	»	32.600	»
		Mon actif net à ce jour	»	»	31.370	»

1874		MEUBLES ET MATÉRIEL.	DOIT.		AVOIR.	
20 Janv.	2	Pour mon achat de ce jour	5.000	»	»	»
		Solde débiteur	»	»	5.000	»
			5.000	»	5.000	»
		Débiteur à nouveau	5.000	»	»	»

1874		M. Aimé, du Havre,	DOIT.		AVOIR.	
20 Janv,	2	Sa livraison de marchandises diverses	»	»	2.100	»
20 »	5	Ma remise espèces	2.100	»	»	»
			2.100	»	2.100	»

1874		M. Paul, de Dieppe,	DOIT.		AVOIR.	
20 Janv.	2	Sa livraison de marchandises diverses	»	»	5.200	»
20 »	6	Espèces remises pour mon compte par M. Charles, de Dieppe	2 000	»	»	»
22 »	15	Sa traite acceptée le 12 payée ce jour	3.200	»	»	»
			5.200	»	5.200	»

20	M. Louis, de Paris, compte ouv. le 2 janv.,	soldé le 20 fév. (2)			
20	M. Pierre, de Bordeaux,	id.	3	id.	15 janvier
20	M. Léon, de Fécamp,	id.	6	id.	6 janvier
20	M. Charles, de Dieppe,	id.	6	id.	6 janvier
20	M. Henry, de Lyon,	id.	9	id.	6 février
20	M. Etienne, d'Elbeuf,	id.	10	id.	6 février
20	M. Laurent, de Caen,	id.	10	id.	17 janvier
22	M. Gilles, de Bordeaux,	id.	10	id.	10 janvier
22	M. Jean, de Bolbec,	id.	10	id.	10 janvier

		COMPTE DES RECETTES, DÉPENSES ET PERTES DIVERSES.	RECETTES.		DÉPENSES ET PERTES.	
1874						
24 Janv.	31	Dép. de maison, frais gén., etc., du mois	»	»	515	»
Février.	28	Reçu pour donation	5.000	»	»	»
»	28	Dép. de maison, frais gén., etc., du mois	»	»	715	»
			5.000	»	1.230	»
		Différence en plus aux recettes	»	»	3.770	»
			5.000	»	5.000	»

(1) On inscrit en marge au Grand-Livre les folios du Livre-Journal où se trouvent portés les comptes correspondants.

(2) Afin d'éviter de donner des comptes inutiles à la démonstration, on ne donne que les dates de l'ouverture et de la fermeture des comptes.

22	M. Bazile, de Rouen, compte ouv. le 10 janv.,			soldé le	11 janv·
22	M. Lucien, de Rouen,	id.	10	id.	11 janv·
22	M. Jacques, de Rouen,	id.	11	id.	11 janv.
22	M. Anse, de Rouen,	id.	11	id.	11 janv.
22	M. Hasard, de Lille,	id.	14	id.	3 fév.
22	M. Edmond, de Rouen,	id.	14	id.	14 janv.
22	M. Jules, d'Yvetot,	id.	14	id.	14 janv.
22	M. Charlot, d'Evreux,	id.	14	id.	14 janv.
24	M. Marc, du Havre,	id.	16	id.	16 janv.
24	M. Paul, de Rouen,	id.	16	id.	24 janv.
24	M. Julien, de Paris,	id.	16	id.	24 janv.
26	M. Smith, de Liverpool,	id.	1er fév.,	id.	10 fév.
26	M. Philippe, du Havre,	id.	1er	id.	10 fév.
26	M. Paul, de Rouen,	id.	1er	id.	10 fév.
26	M. Charles, de Rouen,	id.	1er	id.	10 fév.

Date			DOIT		AVOIR	
1874		M. Louiset, du Havre,	DOIT.		AVOIR.	
24 Janv.	18	Payé, sur sa demande, à M. Jules, avec ma traite Laurent	550	»	»	»
»	»	Payé, sur sa dem., à M. Jules espèces	450	»	»	«
»	»	Sa livraison de marchandîses	»	»	4.500	»
		Mon retour de march. non conformes	500	»	»	»
Février.	23	Remis mon billet à son ord. au 15 avril	3.000	»	»	»
»	25	Sa facture de marchandises	»	»	4.000	»
»	»	Ma remise espèces	3.960	»	»	»
»	»	Pour escompte	40	»	»	»
			8.500	»	8.500	»

Date			DOIT		AVOIR	
1874		M. Louis, de Rouen	DOIT.		AVOIR.	
26 Févr.	1	Rem. de sa traite et esp. pour le c. à 1/4	»	»	2.500	»
26 »	10	Pour son quart dans la perte	250	»	»	»
»	»	Rem, esp. et mon bill. à fin mars pr solde	2.250	»	»	»
			2.500	»	2.500	»

Date			DOIT		AVOIR	
1874		M. Alexandre, de Lille,	DOIT.		AVOIR.	
26 Févr.	2	Ma facture de denrées coloniales	3 000	»	»	»
		Solde débiteur	»	»	3.000	»
			3.000	»	3.000	»
		Débiteur à nouveau	3.000	»	»	»

Date			DOIT		AVOIR	
1874		M. Pascal, de Nantes,	DOIT.		AVOIR.	
26 Févr.	7	Ma livraison de rouenneries,	4.800	»	»	»
26 «	»	Rem. de sa traite sr Paul, Paris 15 av.	»	»	2.800	»
		Solde débiteur	»	»	2.000	»
			4.800	»	4.800	»
		Débiteur à nouveau	2.000	»	»	»

26		M. Jean, de Rouen, compte ouvert le 9 février, soldé ledit jour.				

Date			DOIT		AVOIR	
1874		M. Hébert, de Marseille,	DOIT.		AVOIR.	
26 Févr.	12	Sa livr. de march. détaill. par sa fact.	»	»	10.000	»
		Solde créditeur	10.000	»	»	»
			10.000	»	10.000	»
		Créditeur à nouveau	»	»	10.000	»

1874			M. Robert, de Nancy,	DOIT.		AVOIR.	
26 Févr.	18		Ma livraison de rouenneries.	6.000	»	- »	»
			Solde débiteur	»	»	6.000	»
				6.000	»	6.000	»
			Débiteur à nouveau	6.000	»	»	»

Au Grand-Livre, dans beaucoup de maisons de commerce, le débit est établi à la page gauche et le crédit à la page droite du registre; le nom du correspondant se met au milieu.

Tous les comptes débiteurs et créditeurs inscrits au Grand-Livre existant déjà au Livre-Journal, il est évident qu'on ne peut faire d'erreur au Grand-Livre sans qu'on s'en aperçoive au moyen de la double-situation ou du double-inventaire dont il a été parlé.

Compte en participation,

appelé vulgairement à 1/2, à 1/3 ou à 1/4, selon que la participation est établie entre deux, trois ou quatre participants (1).

Participants: Pierre, de Rouen; Paul, du Havre, et Philippe, de Paris.

Les trois participants sont autorisés à acheter jusqu'à concurrence de 80,000 fr. chacun, soit ensemble 240,000 fr.

Les opérations concernent des cotons, et il a été convenu qu'elles seront marquées P. Pa. Ph.

	Extrait du Livre-Journal de Pierre)2).	DOIT (Débit)		AVOIR (Crédit)	
	JANVIER 1874.				
2	Cotons P. Pa. Ph. Mon achat, à White, de Manchester, avec 1 p. 0/0 d'esc.	500	»	50.000	»
3	» » Ma remise à White espèces	24.750	»	»	»
	» » » » de mon billet à son ordre à fin courant	24.750	»	24.750	»
4	» » Ach. de Pa. à Smith de Liverp. (3)	75.000	»	75.000	»
5	» » Espèces rem. par Pa. à Smith	50.000	»	50.000	»
	» » Traite Pa. à vue sur ma caisse remise à Smith	10.000	»	10.000	»
	» » Traite Paul à vue sur Philippe, remise à Smith (4)	15.000	»	15.000	»
9	» » Ma livr. à Jacques, de Roubaix, suiv. v. du 8 à lui faite p. Pa.	25.000	»	»	»
10	» » Du 9. Ach. par Ph. à Powell, de London	80.000	»	80.000	»
	» » Escompte 2 1/2	2.000	»	2.000	»

(1) La participation est une spéculation faite en commun sur des marchandises.
(2) On ne donne que la partie simple; la partie double se passe comme à l'ordinaire.
(3) Il faut ici créditer le vendeur et débiter celui qui reçoit.
(4) On crédite la participation des traites créées comme s'il s'agissait de billets.

			JANVIER 1874.	DOIT)Débit)		AVOIR (Crédit)	
11	»	»	Du 10. Esp. rem. p. Ph. a Powell	19.500	»	19.500	»
	»	»	Tr. à vue par Ph. s. ma caisse remise à Powell	25.000	»	25.000	»
	»	»	Traite à vue par Ph. sur Pa. remise à Powell	25.000	»	25.000	»
	»	»	Traite à fin courant par Ph. sur Pa. remise à Powell	8.500	»	8.500	»
13	»	»	Ma liv. à Charles, de Lille, escompte 3 p. 0/0	30.000	»	900	»
	»	»	Sa remise espèces	»	»	15.000	o
	»	»	Sa remise d'une tr. sur Louis, Paris fin courant	»	»	10.000	»
	»	»	Sa rem. de son billet à mon o., pour solde, fin février	»	»	4.100	»
17	»	»	Du 16. Vente par Ph. à Charles, de Lille	85.000	»	85.000	»
	»	»	Escompte 2 1/2 p. 0/0	2.125	»	2.125	«
	»	»	Sa rem. à Ph. en traites à vue	40.000	»	40.000	ọ
	»	»	» » à Ph. de son billet o. Ph. à fin mars	42.875	»	42.875	»
18	»	»	Payé la traite Ph. ord. Powell	25.000	»	»	»
19	»	»	» » Pa. ordre Smith	10.000	»	»	»
21	»	»	Du 20. Payé par Ph. traite Pa. ordre Smith	15.000	»	15.000	»
25	»	»	Du 24. Vente par Pa. à Alexandre, de Rouen	80.000	»	80.000	»
	»	»	Escompte 1 3/4	1.400	»	1.400	»
	»	»	Reçu dudit, en tr. sur London	78.600	»	78.600	»
31	»	»	Reçu de Jacques, le montant de ma livraison	»	»	25.000	»
	»	»	Payé m. bill. o. White éch. ce j.	24.750	»	»	»
	»	»	» par Pa. tr. Ph. o. Powell	8.500	»	8.500	»
			FÉVRIER.				
2	»	»	Payé par Pa. tr. Ph. o. Powell	25.000	»	25.000	»
3	»	»	» pour frais divers	400	»	»	»
	»	»	» pour dito, par Pa.	250	»	250	»
	»	»	» pour dito, par Ph.	500	»	500	»
			Au crédit de la participation, pour diff. en plus de mon 1/3 dans le bénéfice net	»	»	625	»
			Au crédit de Pa., pour différence en moins de son 1/3 dans le bénéfice net	375	»	375	»
			Au débit de Ph., pour différence en plus de son 1/3 dans le bénéfice net	900	»	900	»
				855.675	»	820.900	»
			Balance au doit	34.775	»	»	»

Pierre ouvre à son Grand-Livre *un compte* à la participation où elle est créditée de ce qu'il a reçu et débitée de ce qu'il a livré et payé.

La participation P. Pa. Ph.	DOIT.		AVOIR.	
Janvier 1874.				
2 Mon achat à White et remise	500	»	50.000	»
3 Ma remise à White, espèces et mon billet	49.500	»	»	»
9 Ma livraison à Jacques (vente faite par Pa.)	25.000	»	»	»
13 Ma vente à Charles et escompte	30.000	»	900	»
Remise de Charles en espèces, traites et billet	»	»	29.100	»
18 Payé traite Ph. ordre Powell sur ma caisse	25.000	»	»	»
19 » » Pa. ordre Smith dito	10.000	»	»	»
31 Reçu de Jacques, espèces	»	»	25.000	»
Février.				
3 Payé pour débours.	400	»	»	»
Pour différence en plus de mon 1/3	»	»	625	»
	140.400	»	105.625	»
Solde débiteur	»	»	34.775	»
	140.400	»	140.400	»
Débitrice	34.775	»	»	»

Par conséquent, la participation est débitrice envers Pierre de 34,775 fr.

Pierre ouvre également à son Grand-Livre *un compte* de la participation à chaque participant où il est débité de ce qui est entré dans sa maison de commerce et crédité de ce qui en est sorti. Il résulte que, si le solde est débiteur, il est dû à la participation par le participant, et que, si le solde est créditeur, il est dû au participant par la participation.

M. Paul, du Havre, son compte de la participation P. Pa. Ph.	DOIT.		AVOIR.	
Janvier 1874.				
4 Son achat de cotons à Smith	75.000	»	»	»
5 Sa remise espèces à Smith	»	»	50.000	»
25 Du 24. Sa vente à Alexandre et escompte	1.400	»	80.000	»
Remise à lui faite par Alexandre	78.600	»	»	»
31 Son paiement de la traite Ph. ordre Powell	»	»	8.500	»
Février.				
2 » » » Ph. » »	»	»	25.000	»
3 » » pour débours.	»	»	250	»
Pour diff. en moins de son 1/3 dans le bénéfice	»	«	375	»
	155.000	»	164.125	»
Solde créditeur	9.125	»	»	«
	164.125	»	164.125	»
Créditeur	»	»	9.125	»

Par conséquent, le solde étant créditeur, est dû à Paul par la participation.

		DOIT.		AVOIR.	
	M. Philippe, de Paris, son compte de la partici-pation P. Pa. Ph.				
	Janvisr 1874.				
10	Du 9. Son achat à Powell et escompte	80.000	»	2.000	»
11	Du 10. Sa remise espèces à Powell	»	»	19.500	»
17	Du 16. Sa vente à Charles et escompte	2.125	»	85.000	»
	Remise à lui faite par Charles	82.875	»	»	»
21	Du 20. Son paiement de la traite Pa. ordre Smith	»	»	15.000	»
	Février.				
3	Son paiement pour débours	»	»	500	»
	Pour diff. en plus de son 1/3 dans le bénéfiec	900	»	»	»
		165.900	»	122.000	»
	Solde débiteur	»	»	43.900	»
		165.900	»	165.900	»
	Débiteur	43.900	»	«	»

Par conséquent, le solde étant débiteur, est dû par Philippe à la participation.

Il est dû à Pierre 34,775 fr., à Paul 9,125, total. . . . . . 43.900 »

Philippe doit. . . . . 43.900 »

D'où il s'ensuit que Pierre et Paul sont créanciers de Philippe.

On trouve le bénéfice général en établissant au Grand-Livre le compte des achats et ventes de la participation, savoir:

En portant à l'*avoir* le montant des achats, escomptes des ventes et frais ou débours, et en portant au *doit* le montant des ventes et escomptes des achats. Le solde débiteur donne le bénéfice général et le solde créditeur donne la perte générale de la participation. Le bénéfice ou la perte de chaque participant s'obtient en faisant un compte à part, savoir, en portant à l'avoir *ses achats et l'escompte de ses ventes*, et au doit *ses ventes et l'escompte de ses achats.* Connaissant le bénétice général ou la perte générale, on trouve la part de chacun en divisant par deux ou par trois, selon qu'on est deux ou trois participants; connaissant le bénéfice ou la perte de chaque participant, il est facile de trouver la différence en plus ou en moins de la part de chaque participant.

Des comptes passés au Livre-Journal de Pierre à la partie double, il résulte que le 31 janvier la balance du magasin donnait à la sortie un bénéfice de 4.600 fr. qui est le bénéfice réalisé par Pierre; que le 2 février, après avoir passé à l'entrée (magasin) la différence en plus de son tiers des bénéfices, soit 625 fr., la balance à la sortie (magasin) ne donne plus que 3,975 fr. de bénéfice, lequel est bien le bénéfice qui revient à Pierre dans la participation P. Pa. Ph., le bénéfice général étant de 11,925 fr.

A son Livre-Journal, pour solder le compte de la participation à son Grand-Livre, Pierre crédite sa maison à l'avoir et la débite à l'entrée (magasin) de 34,775 fr. qui lui sont dus par la participation, et reporte cette somme au crédit du compte de la participation lequel est alors soldé; il débite Philippe au doit de la même somme et crédite sa maison à la sortie (magasin) et reporte la somme au débit du compte particulier de Philippe s'il en a un d'ouvert; s'il n'en a pas, il lui en ouvre un; de sorte que Philippe est débiteur de Pierre. Au Grand-Livre, Pierre débite Philippe au compte de Paul des 9,125 fr. dus à ce dernier; il se crédite et crédite Paul au compte de Philippe des 43,900 fr. que ce dernier leur doit, de sorte que les comptes de Paul et de Philippe sont soldés également. Le compte d'achats et ventes se solde par le bénéfice général ou par la perte générale. Il ne reste plus au Grand-Livre de Pierre que le comple de Philippe débiteur de Pierre de 34,775 fr.

Les comptes de White, Smith, Jacques, Charles, Alexandre et Powell étant soldés, il est inutile de les reproduire.

Nous n'avons pas besoin de dire que les comptes du Livre-Journal et du Grand-Livre de Paul et Philippe doivent donner le même résultat et que chaque participant doit, aussitôt une opération faite, en prévenir chaque co-participant.

Lors du règlement, s'il restait des traites à payer, il faut au Grand-Livre, et par anticipation, en débiter le compte de participation ou en créditer les comptes des autres participants selon qu'on doit payer ou que ce sont les autres participants qui doivent le faire.

Des sociétés commerciales.

La tenue des livres en partie double d'une *société commerciale* est la même que celle d'un commerçant.

Il faut d'abord établir l'inventaire général de chaque associé. Au Livre-Journal on crédite chaque associé de son apport en marchandises, espèces et effets de commerce à l'avoir, et on débite la *maison de commerce* ou la *société* aux colonnes respectives de l'entrée générale, sous cette dénomination :

Notre sieur Tel, son apport en marchandises, etc. On ouvre un compte à chaque associé, au Grand-Livre, intitulé: Notre sieur Tel, son compte d'*apport*, ou *obligé*, ou de *capital*, où il est crédité de son apport et de ce que la société reçoit pour lui, et où il est débité de ce que la société paie pour lui. Les totaux des soldes créditeurs de ces comptes, moins le total des dépenses et pertes diverses, égalent la situation du jour de la société. Les prélèvements ou levées des associés se passent comme les frais généraux.

Si l'un des associés ne remplissait pas son apport, conformément à l'acte de société, il faudrait alors le débiter au Livre-Journal de ce qu'il y aurait en moins et l'en débiter également à son compte d'apport au Grand-Livre.

Chaque année, après l'inventaire, on crédite le compte de chaque associé de sa part du bénéfice net. Les totaux des soldes créditeurs des comptes d'apport doivent égaler l'actif net de la société.

Lorsqu'un associé, outre son compte d'apport, verse dans la société une somme devant produire intérêt, on le crédite au Livre-Journal, ainsi qu'à un compte qu'on ouvre au Grand-Livre, intitulé compte *particulier* ou *libre*, comme à un simple correspondant. Pour les intérêts qui sont dûs et que la société paie, on crédite et débite le prêteur à l'avoir et au doit, et on débite la société à l'entrée du magasin et la crédite à la sortie de la caisse, ce qui diminue d'autant le bénéfice général. Au Grand-Livre, le prêteur est crédité et débité également.

Nous ferons remarquer ici un fait auquel probablement beaucoup d'associés n'ont jamais fait attention, c'est que le prêt fait à 6 p. 0/0 par un associé à la société dont il fait partie ne rapporte, s'il y a deux associés, que 3 p. 0/0, et s'il y a trois associés, que 4 p. 0/0, par la raison que le prêteur se fait à lui-même une partie de ce prêt.

Dans la société en commandite, on crédite le commanditaire du montant de sa commandite au Livre-Journal et à un compte qu'on lui ouvre au Grand-Livre, lequel compte est également un compte de capital. Pour les intérêts dûs au commanditaire, on les passe en créditant et débitant ce dernier, et en débitant la maison ou la société à l'entrée du magasin et la créditant à la sortie de la caisse, ou en débitant la société ou la maison au doit du montant des intérêts payés et en la créditant à la sortie de la caisse. Ce paiement, dans ce dernier cas, se reporte au compte des dépenses et pertes, pour la preuve. Le commanditaire n'est responsable, vis-à-vis des tiers, que jusqu'à concurrence du montant de sa commandite.

Des sociétés par actions ou anonymes.

Dans les sociétés par actions, il existe deux comptes principaux: le compte d'émission, représenté par les actions, et le compte de capital, représenté par les espèces versées en échange des actions. Le compte d'actions est crédité du montant des actions émises et débité des actions négociées; le compte de capital ou d'actionnaires est crédité des sommes versées par ceux-ci. Au Livre-Journal, on pratique une colonne d'entrée et une colonne de sortie pour les actions émises et négociées. La balance doit être exactement la même que le compte ouvert au Grand-Livre. On crédite, par conséquent, la société à l'avoir de la valeur des actions émises et on la débite au doit de la valeur des actions négociées, et on crédite à l'avoir le compte de capital ou d'actionnaires du montant des espèces reçues. S'il arrivait qu'on négociât des actions au-dessus du pair, on débite la société de la valeur de l'émission seulement; on crédite à l'avoir de la somme reçue; on reporte au compte de capital le montant seulement de la valeur de l'émission et le bénéfice au compte des recettes pour la preuve; il est certain que lors de l'inventaire le bénéfice se retrouvera, puisqu'il est entré dans la caisse; si on négociait à perte, on agirait de même et on porterait la perte à la colonne des pertes; il est certain que la perte se retrouvera lors de l'inventaire.

De la liquidation.

La liquidation est la chose la plus facile. Le liquidateur, se basant sur l'inventaire général, ouvre un compte au Grand-Livre, lequel est crédité de la valeur des marchandises, du montant des espèces, de la valeur des effets en portefeuille, des espèces reçues des débiteurs et de la vente du matériel, et débité des paiements faits aux créanciers, du montant des billets payés, de la perte sur la vente des marchandises, de l'escompte des effets de commerce et des frais de liquidation; le solde débiteur à remettre pour solde, plus les sommes déjà remises et les pertes sur marchandises, matériel, etc., doivent égaler l'actif de la liquidation.

Compte d'Amis, de Commission et de Consignation.

Lorsque la maison reçoit des marchandises pour vendre à titre d'ami ou à la commission, elle doit ouvrir un compte au correspondant et un compte d'amis ou de commission au Grand-Livre. Les écritures au Livre-Journal se passent ainsi qu'il suit:

Exemple : Pierre reçoit de Paul, son correspondant, 10,000 fr. de marchandises pour les vendre dans la huitaine, au cours du jour, avec une commission de 3 p. 0/0, plus ses débours; Pierre vend les marchandises à Charles 12,000 fr., que ce dernier lui paie comptant; Pierre a déboursé 200 fr., reste 11,440 fr., qu'il remet à Paul. Pierre doit donc, à son Livre-Journal (nous ne donnons que la partie simple; la partie double se passe comme à l'ordinaire), créditer Paul de 10,000 fr. et débiter le compte de commission (au Grand-Livre, Paul est crédité à son compte particulier et le compte de commission est débité); débiter Charles de son achat et créditer le compte de commission; créditer Charles de sa remise espèces; créditer Paul et débiter le compte de commission des 2,000 fr. de bénéfice; débiter Paul des 200 fr. de débours; débiter Paul et créditer la maison des 360 fr. de commission; enfin débiter Paul de la remise des 11,440 fr. à lui faite. En faisant les balances, on trouvera inévitablement 360 fr. à l'avoir et 360 fr. à l'entrée de la caisse, somme qui est bien la commission de Pierre. Au Grand-Livre, le compte de commission est soldé, et au compte de Paul l'opération se balance. Les marchandises en consignation ne doivent être considérées que comme étant en dépôt, d'où il résulte qu'elles ne doivent pas figurer à l'inventaire. La commission doit se reporter au compte des recettes.

Lorsqu'on a des marchandises pour son compte chez un correspondant ou commissionnaire, on doit, à l'inventaire, exprimer pour quelle cause il est consignataire; on écrit donc: M. X..., consignataire pour marchandises pour mon compte.

Comptes de Voyage et de Foire.

Les comptes de voyage et de foire se passent au Livre-Journal comme les comptes en participation. Au Grand-Livre, on ouvre un compte au voyageur et un compte de voyage. (Voir les comptes de la participation P., Pa., Ph., ci-dessus.)

Règles générales concernant le Matériel, les Meubles, Immeubles, Actions, Rentes, etc.

Lorsque la maison achète, il faut créditer le vendeur à l'avoir, débiter la maison au doit, et débiter et créditer la maison à l'entrée et à la sortie (caisse); en payant l'achat, on débite le vendeur et on crédite la maison à la sortie (caisse). Si on paie l'achat comptant, on débite seulement la maison au doit et on la crédite à la sortie (caisse).

Nota. — On ouvre des comptes au Grand-Livre intitulés: Matériel, Meubles, etc., au débit desquels on reporte le montant de l'achat, lesquels doivent figurer à l'inventaire à l'actif.

Lorsque la maison vend, il faut débiter l'acquéreur au doit et créditer la maison à l'avoir, et créditer et débiter la maison à la sortie et à l'entrée (caisse); en recevant on crédite l'acquéreur et on débite la maison à l'entrée (caisse). Si on reçoit comptant, on crédite la maison seulement et on la débite à l'entrée (caisse).

Lorsqu'il y a bénéfice ou perte, le bénéfice augmentant l'actif et la perte le diminuant, il faut reporter le bénéfice ou la perte au compte des recettes, dépenses et pertes diverses pour la preuve.

Lorsqu'on paie une réparation de matériel ou d'immeuble, on doit débiter la maison au doit et la créditer à la sortie (caisse) et reporter la somme au compte des recettes et dépenses, etc., seulement.

Lorsque le paiement a lieu pour agrandissement, il faut agir comme pour l'achat. (Voir le *nota*.)

Lorsqu'il y a perte pour usure ou dépréciation, il faut débiter et créditer la maison à la partie simple et la créditer et la débiter à la partie double (caisse); à l'entrée et à la sortie; on porte ensuite le montant de cette perte au crédit du compte de l'objet déprécié.

De l'emballage.

Les frais d'emballage se passent ainsi: on crédite et on débite la maison des frais d'emballage et on la débite et la crédite à l'entrée du magasin et à la sortie de la caisse; en facturant l'emballage, on débite le débiteur et on crédite la maison à la sortie du magasin. Quand le débiteur retourne l'emballage, on opère en sens contraire, d'où il résulte qu'on peut passer écriture d'une facture de marchandises, compris emballage. Comme on a l'habitude de facturer l'emballage plus cher qu'il ne coûte, le bénéfice qui en résulte, quand il n'est pas retourné, compense l'usure. Le commerçant qui ne facture pas l'emballage en passera les frais en débitant sa maison au doit et en la créditant à la sortie de la caisse et reportera le montant au compte des recettes et dépenses.

Comptabilité des Banquiers.

Le banquier étant commerçant doit tenir un Livre-Journal. Ses marchandises, ce sont les effets de commerce qu'il achète ou qu'il vend, chez lui le magasin n'existe pas. Le Livre-Journal se compose du *Doit* et de l'*Avoir*; à l'entrée générale, de deux colonnes, *effets* (plus une colonne intermédiaire pour les numéros des effets) et *caisse;* à la sortie générale, de colonnes semblables.

Le banquier doit créditer le client du montant des effets remis à l'avoir et débiter sa *maison* ou *banque* à l'entrée (effets); débiter le client des espèces qu'il remet au doit et créditer sa banque à la sortie (caisse); enfin débiter le client de l'escompte retenu au doit et créditer sa banque à la sortie (effets). Il doit agir de même pour les achats et ventes d'actions, de rentes, etc. Lorsqu'il remet des effets à escompter, le banquier doit évidemment agir en sens contraire. S'il souscrivait des billets, il en passerait écriture ainsi qu'il est indiqué aux *règles générales*. Les intérêts résultant d'un compte-courant et d'intérêts dûs au banquier ou qu'il doit se passent comme l'escompte ainsi que le change ou la commission. On établit la situation du jour et l'inventaire comme à l'ordinaire.

Comptabilité pour les transports.

La comptabilité pour les transports se tient ainsi qu'il suit:

Le magasin prend le nom de transports. On débite le client du prix du transport à faire au doit et on crédite la *maison* ou la *compagnie* à la sortie (transports); quand le client paie, on le crédite à l'avoir et on débite la *maison* ou la *compagnie* à l'entrée (caisse) ; on débite et on crédite la maison au doit et à l'avoir du montant des espèces payées pour débours, travaux, etc., et on crédite et débite la maison à la sortie (caisse) et à l'entrée (transport). Comme il n'existe pas de marchandises en magasin, la balance des colonnes (transports) donne le bénéfice général à la sortie (ou la perte à l'entrée).

Comptabilité des Compagnies d'Assurances.

De même que pour les transports, les assurances n'ont pas de magasin. Les colonnes du magasin se nomment, à l'entrée, *debours*, et à la sortie, *mandats* ou *primes*. On débite le débiteur au *doit* de ce qu'il doit et on crédite la compagnie à la sortie (mandats) ; lorsqu'il paie on le crédite à l'*avoir* et on débite la compagnie à l'entrée (caisse) ; on débite et on crédite la compagnie des débours faits et on la crédite et débite à la sortie (caisse) et à l'entrée (debours). Le bénéfice général ressort à la colonne de sortie (mandats) en faisant les balances.

Comptabilité des Officiers ministériels.

Les officiers ministériels n'étant pas commerçants ne sont pas obligés de tenir un *Livre-Journal* ; cependant l'officier ministériel est aussi intéressé que le commerçant à connaître d'une manière claire, précise et facile le bénéfice ou produit général et annuel de son étude. Cette raison nous a engagé à donner la disposition d'un *Livre Journal* à l'usage des officiers ministériels.

Le Livre-Journal se compose du doit et de l'avoir, de deux colonnes d'entrée, *débours* et caisse ; de deux colonnes de sortie, *actes* et caisse.

Pour passer les écritures, il faut débiter et créditer l'étude au doit et à l'avoir du montant des débours et la créditer et débiter à la sortie (caisse) et à l'entrée (débours) ; débiter le client au doit du coût de l'acte qui a été fait pour lui et créditer l'étude à la sortie (actes) ; quand le client paie, on le crédite à l'avoir et on débite l'étude à l'entrée (caisse). Le bénéfice général se compose de la balance à la sortie plus le timbre qui reste à employer. Les dépenses de maison, honoraires des clercs, etc., se passent comme dans le commerce.

Des erreurs commises et de leur rectification.

Nous devons dire avant toute chose que lorsqu'on s'aperçoit qu'une erreur a été commise, il faut bien se garder de faire des ratures ou des surcharges au Livre-Journal ; il faut y passer écriture de la rectification de l'erreur le jour qu'on la découvre.

Nous ferons remarquer que les erreurs commises dans les articles de la caisse et du portefeuille se découvrent facilement, car les espèces en caisse et les sommes des effets de commerce en portefeuille doivent égaler les balances à l'entrée. Nous ne nous occuperons donc que des erreurs commises à l'article des marchandises.

Le commerçant ou le comptable devra vérifier exactement les factures des achats et des ventes avant d'en porter le total au Livre-Journal; c'est le seul moyen d'éviter de porter des erreurs. Voici comment on doit les réparer.

Exemples.

Pierre a été débité de 200 fr. en trop. On écrit : Au crédit de Pierre pour différence par erreur portée à son débit le... (mettre la date). Si on l'avait débité en moins, on le créditerait de la différence en moins. On agit de même s'il a été crédité en plus ou en moins.

Si on a débité ou crédité Pierre pour Paul, il faut créditer ou débiter Pierre et débiter ou créditer Paul.

A-t-on porté deux fois un article au débit ou au crédit? on le reporte une fois au crédit ou au débit.

A-t-on oublié un article du Brouillard? On le porte en mentionnant la date du jour où il aurait dû être porté, etc., etc.

C'est au teneur de livres à réparer l'erreur qu'il a commise, de manière à ce que les balances, au Livre-Journal, soient comme s'il n'avait pas fait d'erreur.

Les erreurs commises au Grand-Livre seulement se réparent sans en faire mention au Livre-Journal.

Abréviation des écritures au Livre-Journal.

On peut abréger les écritures, au Livre-Journal, en réunissant plusieurs articles de même nature, ainsi qu'il suit :

MM. Pierre, de Lille, ma facture de ce jour....
  Marc, du Havre,   id.
  Joseph, de Vernon, id.
dont on fait le total qu'on porte au doit et à la sortie.

MM. Charles, de Brest, sa facture de ce jour....
  Adrien, de Bruges, id.
dont on fait le total, qu'on porte à l'avoir et à l'entrée.

On peut agir de même pour la caisse et le portefeuille.

On peut aussi ne pas porter l'escompte d'une facture en le déduisant.

 M. Jacob, de Paris, ma facture escompte déduit....
 M. David, de Bourges, sa facture escompte déduit....

De la correspondance commerciale.

Le style de la correspondance commerciale doit être clair et précis et ne doit pas présenter d'équivoques, surtout si elle contient des conditions d'achat ou de ventes, afin d'éviter des retards et des contretemps toujours fâcheux pour le commerçant. Les lettres qu'on reçoit doivent être mises en liasse et conservées. On doit copier celles qu'on envoie avec la date de l'envoi et le nom du correspondant. On établit un répertoire du copie de lettres, afin de faciliter les recherches qu'on aurait à y faire.

De la facture.

La facture est un relevé ou extrait du livre de ventes; elle doit contenir la nature, les quantités et les prix des marchandises livrées, le total des prix, l'escompte accordé, le lieu où doit se faire le paiement, enfin toutes les conditions particulières de la vente, à moins que ces conditions n'aient été réglées soit par lettres, soit par écrit particulier.

De la sortie et de l'entrée du Livre-Journal.

Lorsque l'inventaire général est établi, on solde les comptes au Livre-Journal en créditant la maison à l'avoir du montant du bénéfice général réalisé sur les ventes, et en la débitant à l'entrée du magasin, en ces termes:

Mon bénéfice général sur les ventes....

S'il y avait perte sur les ventes, il faudrait débiter au doit et créditer à la sortie du magasin; on fait ensuite l'addition et les balances, s'il y a lieu, et on écrit ce qui suit:

Mon actif ou partie de mon actif en marchandises, espèces et effets de commerce, selon qu'on possède ou qu'on ne possède pas de matériel, des meubles, immeubles, etc.

En tète des nouveaux comptes qui doivent suivre, on écrit également ment ce qui précède, dont on porte le total à *l'avoir* et le détail *aux colonnes de l'entrée générale.*

Des comptes du Grand-Livre.

On ouvre au Grand-Livre des comptes aux correspondants afin de connaître ce qu'ils doivent à la maison et ce que la maison leur doit.

On y ouvre également des *comptes personnels,* ainsi nommés par opposition aux autres comptes qui concernent les correspondants et la maison, tandis que les comptes personnels ne concernent que la maison de commerce. Ces comptes sont les comptes de capital, meubles, matériel, immeubles, etc. Lesquels, à l'exception du compte de capital, doivent figurer à l'actif de l'inventaire ou de la situation.

On doit encore y ouvrir un compte de recettes, dépenses et pertes particulières ou diverses (recettes de loyers, de succession, etc., dépenses de ménage, frais généraux, loyers, etc.), en deux colonnes. On doit porter à la colonne des recettes tout ce qui augmente la situation du jour et par conséquent l'actif, et porter à la colonne des dépenses et pertes, tout ce qui diminue la situation et par conséquent l'actif. Ce compte se solde par la différence des recettes ou des dépenses et pertes. Ce compte sert à faire la preuve des opérations.

Nous ferons observer que le commerçant peut établir, si bon lui semble, plusieurs colonnes de dépenses intitulées: dépenses de ménage, frais généraux, etc.

On fait remarquer que les pertes pour avaries, coulage, dépréciation des marchandises, tout en diminuant l'actif, ne diminuent pas la situation. En effet, cette perte concerne les marchandises, diminue leur valeur ou leur quantité, de sorte que le bénéfice général est diminué de leur valeur, puisqu'à l'inventaire cette perte se trouve en moins au magasin. (Voir au brouillard l'article du 9 février.) C'est au négociant à faire tout son possible pour éviter ou diminuer ces sortes de pertes. En passant, nous l'engageons à surveiller ou à faire surveiller certaine perte ou certain coulage, lequel, quelquefois, sort du magasin pour entrer en bénéfice chez des gens peu scrupuleux.

Des preuves de la Situation et de l'Inventaire.

La preuve de la *situation du jour* se fait en ajoutant *les recettes particulières au dernier actif* et en retranchant *les dépenses et pertes particulières*.

La preuve de l'*inventaire* se fait en ajoutant *le bénéfice général à la situation du jour* ou en ajoutant *le bénéfice général et les recettes particulières* au dernier actif et en retranchant *les dépenses et pertes particulières*.

Problèmes.

PROBLÈME N° 1. — A la fin de l'année, le *Livre-Journal* d'un commerçant présente les balances suivantes: A l'avoir, 7,000 fr.; à l'entrée générale, caisse, 1,750 fr.; portefeuille, 10,000 fr.; à la sortie générale, magasin, 4,750 fr. Etablir: 1° la *situation*, 2° le *double-inventaire*, 3° la preuve de l'inventaire, sachant que l'actif était, au commencement de l'année, de 14,000 fr.; que les dépenses et frais généraux se sont élevés à 3,000 fr.; que les meubles et matériel ont coûté 4,000 fr.; qu'il n'y a ni débiteurs, ni créanciers, ni billets à payer et qu'enfin il reste 2,000 fr. de marchandises en magasin.

Situation. Solution. — 1,750 + 10,000 + 4,000 = 15,750; 15,750 — 4,750 = Reste 11,000 fr. — Double-inventaire. Solution. — Balance à l'avoir, 7,000 + marchandises générales en magasin 2,000 + balance à la sortie (magasin), 4,750 + meubles et matériel, 4,000 = Reste actif net, 17,750 fr.—Preuve. Solution.—Dernier actif, 14,000 + bénéfice en magasin (marchandises inventoriées), 2,000 + bénéfice à la sortie (magasin), 4,750 = 20,750; 20,750 — 3,000 (dépenses) = Reste actif net, 17,750 fr.

On peut encore, au moyen des mêmes balances, établir la double-situation, la preuve de la situation et l'inventaire général.

Problème n° 2. — Un Livre-Journal présente les balances suivantes : Au doit, 4,000 fr.; à l'entrée, caisse, 1,000 fr.; au portefeuille, 2,000 fr.; à la sortie, magasin, 7,000 fr. Etablir le double-inventaire du commerçant et le bénéfice net, sachant qu'il lui est dû 25,000 fr., qu'il doit 15,000 fr., qu'il a 3,000 fr. de billets à payer, qu'il a dépensé 6,000 fr.; qu'il reste en magasin 5,000 fr. de marchandises; que ses meubles et matériel ont été payés en espèces faisant partie de son dernier actif, d'où ils sont estimés 6,000 fr. et que son dernier actif était de 15,000 fr. — Double-inventaire. Solution. — Marchandises en magasin, 5,000 + balance à la sortie; magasin, 7,000 + débiteurs, 25,000 + meubles et matériel, 6,000 = 43,000 — (créditeurs, 15,000 + billets à payer, 3,000 + balance au doit, 4,000) 22,000 = Reste actif net, 21,000 fr. — Bénéfice net. Solution. — Actif net, 21,000 — dernier actif, 15,000 = Reste 6,000 fr.

De la tenue des livres en partie simple.

Dans la tenue des livres en partie simple, on emploie les mêmes livres que dans la partie double; mais au moyen des anciennes méthodes, on commet des erreurs et des omissions qui rendent le contrôle impossible. Le commerçant qui ne voudra pas tenir ses livres en partie double pourra employer la partie simple à deux colonnes de la Méthode Henry; il lui sera facile de contrôler ses opérations en se conformant aux règles générales.

FIN

Rouen, imp. Giroux, rue de l'Hôpital, 25.